Entre Heidegger et Hegel

Éclosion et vie de l'être

Ouverture philosophique

Collection dirigée par Aline Caillet, Dominique Chateau, Jean-Marc Lachaud et Bruno Péquignot

Une collection d'ouvrages qui se propose d'accueillir des travaux originaux sans exclusive d'écoles ou de thématiques.

Il s'agit de favoriser la confrontation de recherches et des réflexions qu'elles soient le fait de philosophes "professionnels" ou non. On n'y confondra donc pas la philosophie avec une discipline académique ; elle est réputée être le fait de tous ceux qu'habite la passion de penser, qu'ils soient professeurs de philosophie, spécialistes des sciences humaines, sociales ou naturelles, ou… polisseurs de verres de lunettes astronomiques.

Dernières parutions

Albert OGOUGBE, *Modernité et Christianisme. La question théologico-politique chez Karl Löwith, Carl Schmitt et Hans Blumenberg*, 2010.
Hervé LE BAUT, *Présence de Maurice Merleau-Ponty*, 2010.
Auguste NSONSISSA, *Transdisciplinarité et transversalité épistémo-logiques chez Edgar Morin*, 2010.
Stéphane KALLA, *L'acte de la Perception, Pour une métaphysique de l'espace*, 2010.
Jules Bourque, *L'humour et la philosophie. De Socrate à Jean-Baptiste Botul*, 2010.
Philippe RIVIALE, *Heidegger, l'être en son impropriété*, 2010.
Sylvain PORTIER, Fichte, *philosophe du « Non-Moi »,* 2010.
Camilla BEVILACQUA, *L'espace intermédiaire ou le rêve cinématographique*, 2010.
Djibril SAMB, *Le Vocabulaire des philosophes africains*, 2010.
Xavier ZUBIRI, *Traité de la réalité*, 2010.
Marly BULCÃO, *Promenade Brésilienne dans la poétique de Gaston Bachelard,* 2010.
Martin MOSCHELL, *Divertissement et consolation Essai sur la société des spectateurs*, 2010.

Susanna Lindberg

Entre Heidegger et Hegel

Éclosion et vie de l'être

L'HARMATTAN

5-7, rue de l'École-Polytechnique ; 75005 Paris

http://www.librairieharmattan.com
diffusion.harmattan@wanadoo.fr
harmattan1@wanadoo.fr

ISBN : 978-2-296-12731-9
EAN : 9782296127319

INTRODUCTION

COMMENT ÉCOUTER AVEC DEUX OREILLES ?

Le dernier mot de Heidegger sur Hegel, prononcé avec force dans la « Constitution onto-théo-logique de la métaphysique », est d'une complexité redoutable : Heidegger et Hegel pensent la même chose — l'être —, mais le « même » n'étant pas l'« identique », il est impossible de concilier l'être comme pensée avec l'être selon la différence ontologique[1]. Quelle est donc la « chose » partagée par Hegel et Heidegger ?

La complexité de la question se signale dès l'abord. Heidegger plonge en effet son lecteur dans le désarroi aussitôt qu'il situe la mêmeté dans la question de l'être – car

1 « Pour Hegel, le propos de la pensée est l'être vu dans la perspective où l'étant est pensé au sein de la Pensée absolue et comme cette dernière. Pour nous, le propos de la pensée est le même, donc l'être, mais l'être dans la perspective où il diffère de l'étant. Plus précisément : pour Hegel, le propos de la pensée est la Pensée (*der Gedanke*) comme Concept absolu. Pour nous, le propos de la pensée est, en termes provisoires, la différence *en tant que* différence. » (« La constitution onto-théo-logique de la métaphysique ». ID, p. 36 / 282, tr. modif.)

il n'est pas facile de se représenter un « Hegel penseur de l'être » tout en sachant que, pour Hegel, l'« être » n'est qu'une détermination abstraite et que la véritable cause de la pensée s'appelle « esprit »[1]. Afin d'aborder sérieusement la mêmeté de Hegel et de Heidegger, il est nécessaire de chercher le supposé « être hégélien » sous d'autres termes de Hegel, tels l'« effectivité », la « pensée », la « vie » et l'« esprit ». Comme Heidegger le montre mieux que personne, les mots ne sont pas indifférents à la pensée. Bien qu'elle soit revendiquée dans le dessein d'aggraver le questionnement, la traduction d'« effectivité », de « pensée », de « vie » ou d'« esprit » par « être » risque de défigurer le cœur de la pensée hégélienne. Jusqu'où va la question heideggérienne du sens de l'être ? Comment comprendre le moment où elle se replie sur elle-même, s'obstinant à se répéter mais ne s'adressant plus aux oreilles hégéliennes et leur devenant finalement inaudible ? Entre les confusions et la profondeur d'une pensée se cherchant aux limites du sens, Heidegger nous lègue l'obligation de bien situer la région dans laquelle les pensées de Hegel et de Heidegger commencent à se confondre, afin d'y distinguer le véritable conflit.[2]

---

1 « Hegel et son concept de l'expérience ». HW, p. 150-151 / 189-191.

2 Pour une analyse détaillée du dialogue Hegel-Heidegger, je me permets de me référer à mon livre *Heidegger contre Hegel — Les Irréconciliables*. La « chose » partagée par Hegel et Heidegger selon la « Constitution onto-théologique de la métaphysique » a récemment été magistralement analysée par Bernard Mabille dans *Hegel, Heidegger et la métaphysique. Recherches pour une constitution*. On trouvera également de solides analyses du rapport Hegel – Heidegger en particulier dans les ouvrages suivants : Jan van der Meulen, *Heidegger und Hegel, oder Widerstreit und Widerspruch* ; Hans-Georg Gadamer, « Hegel und Heidegger » (dans *Gesammelte Werke 3*) ; Walter Bröcker, « Hegel zwischen Kant und Heidegger » (*Auseinandersezungen mit Hegel*) ; Christian Iber, « Interpretationen zum Deutschen Idealismus. Vernunftkritik im Namen Seins » (*Heidegger-Handbuch*, éd. Dieter Thomä) ; Jacques Taminiaux, « Finitude et absolu : remarques sur Hegel et Heidegger,

Afin de situer la chose partagée par Hegel et Heidegger et les séparant aussitôt, il faut discerner leurs pensées dans leur différence. Par exemple, il est possible de commencer par le principe selon lequel la différence entre Hegel et Heidegger est la différence entre la pensée et l'être. Mais chacun a aussi adopté la parole de Parménide, « le même est en effet penser aussi bien qu'être », et nous verrons dans ce livre comment, plus le lecteur analyse l'écart entre la pensée selon Hegel et l'être selon Heidegger, moins leur différence apparaît, jusqu'à ce qu'elle semble ne plus tenir qu'au vocabulaire : l'un parle au *nom* de la pensée, l'autre au *nom* de l'être. Incapables d'identifier la mêmeté et la différence de la chose de la pensée, nous sommes cependant confrontés à deux discours incomparables, l'un se développant dans le rythme de l'effectivité, de la vie et de l'esprit, et l'autre rimant avec l'apparaître, la mort et l'être, chacun puisant son unique sens dans un dire strictement singulier et irréductible à son homologue. Afin de rendre le conflit audible, il ne suffit donc pas de fixer le regard sur la *chose* même-et-autre, mais il faut aussi articuler les *propos* des deux penseurs chacun selon son propre dire.

Mais comment *entendre à la fois* deux discours philosophiques, dont la différence ne se réduit pas à deux méthodes (disons, pour faire vite, à la dialectique et à la phénoménologie) mais affecte jusqu'aux recoins les plus intimes de la langue en produisant deux idiomes philosophiques le plus souvent incompatibles ? Comment les entendre en

---

interprètes de Kant » (*Le regard et l'excédent*) et « D'une ontologie fondamentale à l'autre : la double lecture de Hegel » (*Lectures de l'ontologie fondamentale*) ; Philippe Lacoue-Labarthe, « Oblitération » (*Le Sujet de la philosophie*) ; Denise Souche-Dagues, « The Dialogue between Heidegger and Hegel » (*Martin Heidegger: Critical Assessments II*, éd. Christopher Macann) ; David Kolb, *The Critique of Pure Modernity* ; Dannis J. Schmidt, *The Ubiquity of the Finite* ; Karin de Boer, *Thinking in the Light of Time. Heidegger's Encounter with Hegel.*

même temps si les mots (par exemple « penser » et « être »), auxquels nous sommes après tout condamnés à prêter l'oreille, changent constamment de sens de sorte qu'il ne suffit plus de savoir « qu'appelle-t-on penser ? » mais *« qui* l'appelle ainsi ? » Comment écouter avec deux oreilles captant deux langues différentes — comment écouter et pouvoir encore penser, en quelque langue que ce soit ? Nous verrons dans ce livre que dans l'explication de Heidegger avec Hegel, les mots se croisent constamment, se substituent et se traduisent de manière à peine contrôlable : mots communs sans commune mesure. Hegel et Heidegger ne s'entendent pas, et pourtant ils s'entendent au sens du mot allemand *überhören.* Ils ne veulent pas s'entendre, ils font semblant de ne pas s'entendre, ils se font la sourde oreille, ils restent sourds l'un à l'autre, ils ne font pas attention l'un à l'autre — et pourtant, ils se répètent sans cesse. La position du lecteur de ce débat est fort incommode, cherchant à faire entendre deux idiomes (ne) s'entendant (pas), deux discours incommensurables se mesurant l'un à l'autre. Afin de faire entendre ce que *disent* Hegel et Heidegger sur la chose supposément « même », il faudra les exposer chacun à son idiome bien que, chaque fois, le monologue de l'un n'apparaisse que comme une pensée sans concept ou sans question depuis le point de vue rigoureux de l'autre. Voici pourquoi la tâche d'une comparaison impartiale de Hegel et Heidegger semble condamnée à n'être qu'un bouquet de divagations sans foyer assuré.

Contre ce désarroi, il convient d'assumer la situation inconfortable entre Hegel et Heidegger – l'obscurité des enjeux du débat et l'incertitude de ses positions – en tant qu'elle n'est pas une simple perturbation provisoire qu'un travail plus assidu pourrait dissiper. Elle est au contraire la conséquence nécessaire de la prise au sérieux du caractère exceptionnel de ce débat qui requiert de nous d'ajuster nos attentes méthodologiques. L'objectif du dialogue heideggérien avec Hegel n'est pas simplement d'inquiéter une thèse sur l'être mais également d'ébranler la pensée thétique comme telle. Heidegger vise l'être en tant qu'il se montre en retrait et en conflit : l'être doit donc être discerné selon sa conflictualité qui disparaît si on le convertit en simple position transparente et assurée. En ce sens, la perte du « sol ferme » et l'ébranlement des repères connus est l'objectif même du débat. Cela ne veut certainement pas dire qu'il faille accepter l'étourdissement de pensée ni prendre pour objectif l'incompréhensible, le confus et l'obscur. Mais cela veut dire que la pensée a pour tâche de montrer et d'expliquer le tourment de pensée et le caractère abyssal de son enjeu. Voici pourquoi l'analyse de la mêmeté non identique de l'être en conflit entre Hegel et Heidegger doit respecter la complexité de la chose, au lieu de la gommer. Cela est requis autant par la pensée que par sa chose.

Le propos de Heidegger sur la mêmeté non semblable de l'être, enjeu de la pensée, est l'aboutissement de sa longue γιγαντομαχία avec Hegel. L'affirmation de Heidegger n'est pas une constatation neutre mais un positionnement stratégique dans son explication avec Hegel, qui a pour but de mesurer toute l'étendue de « notre temps » en montrant son éloignement d'avec l'époque de Hegel – que Heidegger définit comme époque de la métaphysique, de la subjectivité de la représentation et de l'onto-théo-logie. Selon Heidegger, la conduite de pensée de ses dialogues avec Hegel relève plus de son « destin » que d'une « méthodologie » déjà disponible. Ces dialogues ne peuvent certes pas produire le nouvel « *Ereignis* » de l'être, mais Heidegger espère qu'ils puissent néanmoins contribuer à le préparer : au fond, il comprend sa confrontation avec Hegel comme lui étant destinée par l'être en mue.

J'ai analysé les conduites et les conditions de l'explication heideggérienne avec Hegel ailleurs, dans *Heidegger contre Hegel — Les Irréconciliables*, dont le présent livre fut à l'origine une partie. Ayant exposé dans ce travail précédent le projet général qui oriente le propos examiné ici, je montre dans le livre présent pourquoi la mêmeté en question est proprement indiscernable. L'être « partagé » par Hegel et Heidegger n'est pas *difficilement* discernable mais principiellement *impossible* à faire apparaître. Comme le dit Dominique Janicaud, « les concepts manquent pour penser cet affrontement »[1]. Nous verrons par la suite comment Heidegger conteste un à un tous les *mots* qui se proposent pour présenter l'être commun – alors que, et selon Hegel et selon Heidegger, l'être ne peut pas être présent ni présenté sans la langue qui lui donne lieu. Comme il n'y a pas de λόγος univoque pour nommer l'être partagé par Hegel et Heidegger, le lecteur reste contraint à une tâche infinie de distinctions entre différentes paroles de l'être, à une tâche sans fin de traduction qui démontre l'absence d'un sens transcendant positif. Dans la mesure où les deux λόγοί pour dire l'être sont définis en se repoussant l'un l'autre et qu'ils sont donc proprement irréconciliables, l'être qu'ils cherchent ne peut pas se rendre présent mais au contraire se retire en tant que conflit à son sujet.

Il vaut mieux préciser encore un peu. Sans doute, l'objectif que se donne *Heidegger* dans ses explications avec Hegel est-il d'affirmer sa propre position contre une autre : pour lui (comme pour Hegel), la conviction personnelle (*Überzeugung*) reste le sol ferme de la philosophie, en sorte qu'on ne peut philosopher sans s'en tenir à sa vérité. Sans doute cela est-il requis d'un *discours* et d'une *œuvre* — philosophiques, aussi bien que scolaires ou politiques.

---

1 Dominique Janicaud, « Heidegger – Hegel : un “dialogue” impossible » (dans *Heidegger et l'idée de la phénoménologie*), p. 157.

Mais dans ce travail j'examine avant tout le *penser* avant le discours et l'œuvre, la possibilité de *dé-penser* les positions données, lorsque la pensée se meut encore entre des thèses, admet l'incertitude des positions et s'entraîne à laisser les vérités se mouvoir sous les pieds et s'abîmer, voire, s'il le faut, se précipiter dans l'abîme. Pour le dire dans les termes des débats contemporains sur la philosophie politique, (dé) penser est comme le moment démocratique (défendu par Jacques Rancière) précédant l'institution discursive (sur laquelle insiste Alain Badiou). En ce sens, la dialectique dé-pense dans la mesure où elle ne reste jamais auprès des positions simples – mais dé-penser résiste à la dialectique dans la mesure où celle-ci a tendance à se clore dans un moment de synthèse et de réconciliation. Bien que, à la fin, il faille sans doute se plier à la discipline d'un discours uni, je tenterai dans ce livre de respecter aussi longtemps que possible la conflictualité des pensées et de m'en tenir à leurs incertitudes sans m'abriter derrière des réconciliations rassurantes.

Le plus fondamentalement cependant, le souci de la préservation de la complexité tient à la chose même, l'être. Héritiers d'Héraclite, Hegel et Heidegger penseront l'être comme ce qui sans cesse se divise et se redouble, ne se montrant qu'en conflit. De différentes manières, ils montrent que l'être, ne pouvant pas être présenté positivement, requiert l'articulation patiente des détours qui le font néanmoins apparaître à même sa négativité et son retrait. Si l'être *selon* Hegel et *selon* Heidegger est teinté de négativité et de néant, l'être qu'ils « partagent » est plus obscur encore, et requiert un surcroît de patience pour le faire apparaître à même le conflit des philosophes. Mon objectif dans ce livre n'est pas de défendre l'un ou l'autre interlocuteur mais de déployer le domaine *entre* eux, à partir duquel la question de l'être peut éventuellement se présenter pour nous – car je crois que la dialectique hégélienne et l'ontologie phénoménologique de Heidegger demeurent les dernières grandes articulations de la question de l'être, dont l'incompatibilité reste un point de départ incontournable pour nous.

J'assumerai comme point de départ la question heideggérienne du sens de l'être. Heidegger l'élabore de nombreuses façons, notamment dans l'analytique existentiale et dans sa pensée tardive de l'*Ereignis* (que j'ai examinées ailleurs). Il l'étudie également en répétant l'« origine matinale » de la pensée, dont la pensée de l'*Ereignis* sera un écho (*Anklang*) (ou qui apparaît comme l'écho après-coup de cette dernière). Cette approche aboutira à une articulation de l'être en termes de φύσις, qui nous échoit depuis l'origine grecque de la pensée et qui détermine ainsi, paradoxalement, *notre* temps. Les dialogues avec la tradition métaphysique sont un aspect essentiel de son travail pour découvrir la question du sens de l'être. Dans ces débats, Hegel détient le rôle d'ennemi préféré, auquel Heidegger s'opposera aussi en s'alliant avec le poète Hölderlin et avec le « penseur matinal » par excellence, Héraclite. Je montrerai comment Heidegger déploie une interprétation inédite d'Héraclite et de l'envoi le plus matinal de la pensée occidentale, que les idéalistes allemands auraient selon lui recouverts. Hegel en particulier aurait été incapable de comprendre l'envoi héraclitéen, parce que sa pensée serait surdéterminée par l'époque de la subjectivité et de la représentation. Ce positionnement, bien connu, se complique singulièrement lorsqu'on voit à quel point l'interprétation heideggérienne de Hegel est fausse. Je montrerai que si on pose sérieusement à Hegel la question heideggérienne de l'être, sa réponse ne coïncide nullement avec le cartésianisme caricatural imposé par Heidegger sur sa pensée. La pensée hégélienne de l'être est bien plutôt une pensée inouïe de la vie, qui se déploie selon δύναμις et action en décrivant l'être comme vie et la pensée comme liberté. Après tout, le rationalisme hégélien est approfondi par un romantisme refoulé, semblable à celui que Heidegger a aussi répété et rejeté dans sa propre pensée. Mais pour ouvrir ces perspectives, il sera nécessaire de lire Hegel autrement qu'à travers ses interprétations par Heidegger, en commençant par la *Science de la Logique* que, en un sens qui reste à préciser, Heidegger « n'a jamais lue ».

Je montrerai dans ce livre comment, si on cherche dans la *Logique* hégélienne une réponse à la question heideggérienne du sens de l'être, on y trouve une ontologie de la vie. Le vrai débat entre Hegel et Heidegger sur l'être ne se situe donc pas entre l'être comme φύσις et les représentations du sujet métaphysique, mais entre l'être comme φύσις et l'être comme ζῶή ; entre l'être comme éclosion et l'être comme vie ; ou entre le retrait de l'être et la négativité de la vie. La φύσις, qui n'est pas la « nature », doit alors se distinguer d'une pensée moderne de l'être rendue possible par la troisième *Critique* de Kant, développée jusqu'à sa floraison par l'idéalisme allemand et affaiblie dans la *Lebensphilosophie*, à laquelle s'opposait Heidegger mais avec laquelle on aurait tort de confondre la pensée hégélienne, car chez lui, la « vie » ne désigne pas une pensée faible de l'existence mais une pensée forte de l'être. Dans ce débat, nous touchons au plus près à l'indistinction problématique des deux pensées de l'être, car nous découvrons une proximité inattendue entre l'ouverture finie et l'organisme infini. Il me semble que c'est dans ce débat entre les deux sens pour ainsi dire « méta-naturels » de l'être qu'il sera éventuellement possible de trouver une incitation effective pour une ontologie contemporaine.

Le débat entre Hegel et Heidegger est vaste, d'autant plus que son cœur ne se révèle pas en suivant les analyses heideggériennes de Hegel mais en lisant Hegel *contre* Heidegger, bien qu'en réponse aux questions heideggériennes.

Dans *Heidegger contre Hegel — Les Irréconciliables*, j'ai examiné un élément essentiel de cette confrontation, à savoir le débat sur le temps et l'histoire provoqué par la pensée de l'*Ereignis*. Dans le livre présent, je me restreins à la question de l'être, que j'examine en confrontant la reprise heideggérienne d'Héraclite à la *Science de la logique*. Le livre contient trois divisions majeures. Afin d'extraire la question heideggérienne de l'être, j'expose d'abord ce que Heidegger entend dire par « être » en termes de ses lectures d'Héraclite. Je rassemblerai ensuite les gestes principaux du diagnostic heideggérien de Hegel. J'exposerai enfin la théorie hégélienne de l'effectivité de l'esprit en guise de « réponse » de Hegel à Heidegger.

Première partie

CE QUE HEIDEGGER APPELLE « ÊTRE »

1. La question de l'être et le débat sur Héraclite

Qu'est-ce que Heidegger appelle « être » ? Quel est le sens de l'être ?

C'est là la *question* – l'unique, l'originaire, la destinale question. Une question et non pas une réponse : l'être est ce dont nous ne connaissons pas le sens et que nous perdons dès que nous lui en donnons un. Il en est ainsi dans la métaphysique des Temps Modernes où chaque philosophe, chacun à sa façon, *pose* et *projette* le sens de l'être et fait aussitôt dissiper sa question. Sans question, l'être n'est que la « pure vapeur » nommée par Nietzsche.

Le sens de l'être *demeure* question. Celle-ci ne s'épuise pas dans ses répétitions ni dans l'impossibilité de lui procurer une réponse, mais s'adresse à nous de manière toujours aussi fragile et insistante. Une question, et non pas une simple constatation, est par définition ce qui ne nous laisse pas indifférents. Cela nous donne la possibilité d'être concernés par du sens, au lieu de choir dans l'engourdissement et dans le départ de tous les sens. De par son essence, la question est *adressée* à quelqu'un et *concerne* quelqu'un, et c'est pourquoi la position de la question du sens de l'être est d'abord, dans *Être et temps*, l'élucidation de l'homme comme celui auquel la question du sens de l'être s'impose. Vu sous cet angle, l'homme est *Dasein*, lieu de l'avènement de la question du sens de l'être.

La question du sens de l'être peut être *portée à la parole*. Si la question s'adresse à l'homme dans l'étonnement, l'homme est capable de résister au sans-fond de la question du sens de l'être et de se maintenir dans l'étonnement grâce à sa capacité de « répondre » à l'étonnement par la parole.

Le λόγος est ainsi le propre du *Dasein*, et si nous parvenons à bien saisir l'essence du λόγος, nous ne demeurons plus muets et aveuglés par le pur étonnement devant le fait qu'il y a l'être. Le λόγος libérateur ne se dit pas par propositions ou par énonciations valables ni ne pose de fond ; autrement dit, l'homme ne *dicte* pas le λόγος. Au contraire, l'être se dit et se dicte à l'homme. L'être n'est pas jaloux, il s'offre et s'expose. Il arrive, rarement, qu'un homme sache recevoir ce don en trouvant une parole pour remercier l'être de sa faveur. Un tel homme sait « demeurer dans l'étonnement » devant l'expérience qui lui fait savoir qu'il y a l'être : il a « la capacité de s'étonner devant ce qui est simple et d'accepter cet étonnement comme demeure fixe ». Il est « chez lui dans la question » parce qu'il la *dit*.

Heidegger se garde de *répondre* à la question du sens de l'être. Il a plutôt porté la *responsabilité* de l'ouverture de cette question : il aura dit des *paroles* qui, selon lui, ne créent pas mais font signe, pour la première fois et depuis leur premier envoi, vers la question du sens de l'être. Il n'a ni instauré une parole unique pour dire l'être ni accepté n'importe quel mot pour en parler. Les paroles qui conviennent pour dire l'être ne peuvent pas simplement être inventées. Dès lors que l'origine de la question du sens de l'être n'est pas la volonté de l'homme mais l'être même, l'homme ne peut pas *décider* de la poser, mais en revanche elle peut lui incomber et devenir son *destin*. Un tel événement (*Ereignis*) dans lequel l'être se donne à questionner, ouvre également le dispositif (*Gestell*) qui, seul, permet d'articuler la question. C'est en ces termes que l'être devient question pour « notre temps », qui est également le temps du « dépassement de la métaphysique ».

Heidegger n'exhorte pas à simplement attendre la question, mais à la *préparer*. Cette préparation est essentiellement la « destruction de la tradition de la métaphysique » programmée dès le § 6 d'*Être et temps* et visant, dans les textes de la métaphysique, un « impensé » – qui n'existe pourtant pas autrement que comme un *manque dans* ces textes. C'est pourquoi la pensée de l'être est essentiellement une explication avec la métaphysique.

Par-delà l'histoire de la métaphysique, Heidegger prête une attention particulière aux penseurs présocratiques, qui n'appartiennent pas encore à la tradition de la métaphysique mais à la « pensée matinale ». Dans leurs fragments aussi, il cherche l'impensé, mais autrement que dans les textes métaphysiques. Il s'approprie leurs « paroles d'origine » en tant qu'elles disent de manière inégalée ce qu'il en est de l'être, et les « garde » au point d'en faire la préfiguration de sa pensée de l'*Ereignis*. La sauvegarde de ces paroles est essentiellement leur traduction, dans la mesure où une traduction pensante n'est pas un travail historique ou linguistique, mais un effort pour penser depuis une expérience étrangère : c'est ainsi que Heidegger souligne avant tout l'incommensurabilité que rencontre la traduction. Dans les paroles d'Héraclite, qui vont nous intéresser le plus, Heidegger ne trouve pas le grec habituel, séjour et habitation des Grecs, mais le grec monstrueux, à peine dicible, s'articulant depuis le moment où l'être commence à se dire dans certains de ses mots. Il transpose ces paroles monstrueuses en paroles tout aussi monstrueuses qu'il tord dans sa propre langue maternelle par un geste violent. On peut dire que, si la traduction usuelle se meut entre deux langues où les gens « habitent », de sorte que la parole traduite est tout aussi habitable dans la langue de réception qu'elle l'était dans la langue de départ, la traduction pensante au contraire juxtapose une parole inhabituelle et inhabitable avec une autre parole inhabituelle et inhabitable, et se meut entre des mots monstrueux, saisis au moment où du sens s'arrache de l'être[1]. Le traducteur assermenté habite en deux langues, le penseur n'habite en nulle langue.

Dans ce qui suit, j'examinerai la pensée heideggérienne de l'être à travers sa traduction d'Héraclite. Ce choix se motive par le fait que Heidegger revient sur Héraclite précisément afin de le libérer de sa traduction « métaphysique » et surtout hégélienne : sa lecture est essentiellement une contre-traduction dirigée contre les interprétations hégélienne et nietzschéenne d'Héraclite[2]. Dans la mesure où Hegel apparaît comme le plus grand héraclitéen de l'époque de la métaphysique[3], l'interprétation heideggérienne d'Héraclite est aussi un effort pour libérer « notre » pensée de l'hégélianisme. Subsidiairement, sa lecture implique une vue héraclitéenne sur Hegel. Paradoxalement, ce *détour* via Héraclite permettra de voir le plus *directement* l'explication entre Hegel et Heidegger sur l'être.

On sait que, en entamant sa réflexion sur l'être, Hegel se réfère aux Grecs et plus particulièrement à Héraclite. Comme il le dit dans ses *Leçons sur l'histoire de la philosophie*, « Il n'y a pas une proposition (*Satz*) d'Héraclite que je n'aie reprise dans ma *Logique* »[4]. Celle qui dit la mêmeté de l'être et du néant donne directement le concept de l'être que Hegel présente tout au début de la *Science de la Logique* et auquel Heidegger renvoie chaque fois qu'il désigne la conception hégélienne de l'être. Hegel dit : « Le profond Héraclite a opposé à cette abstraction simple et unilatérale [à savoir la conception parménidienne selon laquelle « seul

---

1 GA 55, *Heraklit*, p. 45.

2 GA 55, *Heraklit*, p. 41.

3 GA 39, Hölderlins Hymnen « Germanien » und « Der Rhein », p. 129.

4 W 18, p. 320. Cité dans « Hegel et les Grecs », WM, p. 430 / Q I-II, p. 363, GA 55, p. 30, et GA 15 Heidegger – Fink, *Heraklit*, p. 184.

l'être est, le néant n'existe pas »] le concept total et supérieur du devenir, en disant : *l'être n'est pas plus* (*de chose*) *que le néant (das Sein ist sowenig als das Nichts)*, ou encore : *tout coule*, ce qui équivaut à dire : *tout est en voie de devenir, tout devient.* »[1] Nous voyons aussitôt que, tout en acceptant la proposition d'Héraclite portant sur la mêmeté de l'être et du néant, Heidegger n'accepterait jamais ni l'exclusion de Parménide, ni l'interprétation « ils *sont* donc aussi *peu* l'un que l'autre », ni encore le fait que Hegel *conclue* par le « tout coule ». « Tout coule » signifie pour Hegel que tout devient, tout croît, tout est énergie et vie : l'essence de l'être est la vie.

Dans l'*Introduction à la métaphysique*, Heidegger caractérise le rapport hégélien à Héraclite de la manière suivante : « Ainsi Hegel et son ami Hölderlin se trouvent-ils tous deux, chacun à leur façon, sous la puissante et féconde emprise d'Héraclite, mais avec cette différence que Hegel regarde en arrière et ferme la route, tandis que Hölderlin regarde en avant et ouvre le chemin. »[2] Hölderlin, tel que le présente Heidegger, avance vers une pensée « mythologique » du dire poétique, tandis que Hegel reconstitue la métaphysique dans la forme d'une logique inouïe définie comme « la pure vérité elle-même »[3]. Interprétant le λόγος héraclitéen dans le cadre de la « logique » et non dans celui de la « parole », Hegel, comme avant lui Kant et Leibniz, et malgré leurs « grands efforts décisifs pour surmonter et dépasser la logique traditionnelle »[4], n'auraient pas fait avancer la logique d'un seul pas depuis Aristote[5]. Tous les gestes du recouvrement

1 WL I, p. 84 / 74.

2 IM, p. 96, 134.

3 ENZ § 19, cit. IM, p. 93 / 130.

4 IM, p. 92 / 129.

5 IM, p. 144 / 192. Heidegger paraphrase Kant, selon qui la logique est close et achevée depuis Aristote. Hegel cite le même constat mais en

de l'être par les Temps Modernes aboutiraient à la *Science de la logique*. « Φύσις devient ἰδέα (παράδειγμα), la vérité devient justesse (Richtigkeit). Le λόγος devient le lieu de la vérité conçue comme justesse, l'origine des catégories, le principe des catégories qui décide des possibilités de l'être. »[1]

Dans « Hegel et les Grecs », Heidegger va plus loin encore. Situant le λόγος dans la logique, « l'interprétation hégélienne de la philosophie d'Héraclite ne s'oriente justement pas sur le λόγος »[2]. Le λόγος entendu comme logique dialectique ne garderait plus aucun écho du λόγος héraclitéen car, poursuit-il, « par cette *Logique* de Hegel, le λόγος est la raison au sens de la subjectivité absolue, tandis que la *Logique* elle-même est la dialectique spéculative par le mouvement de laquelle l'universel immédiat et abstrait, l'être en tant qu'il est objectif, est réfléchi dans l'opposition au sujet et cette réflexion elle-même déterminée comme la médiation au sens du devenir : c'est dans le devenir que l'opposé se recueille, se concrétise et s'unifie. » Que le λόγος hégélien soit (aussi) l'*organisation du système* empêcherait ainsi Hegel d'avoir le moindre accès au λόγος comme *articulation de l'être*.

Le recours à Héraclite me permet de rouvrir la question de l'être hégélien contre sa lecture heideggérienne. Je contesterai sa réduction de l'être hégélien à l'onto-théologie, du moins si celle-ci se fonde sur l'interprétation du dieu comme *causa sui*, ce qui rabat Hegel sur Spinoza justement là où Hegel veut opposer à la pensée spinozienne de la substance une pensée du sujet comme pur rapport[3].

---

conclut au contraire que la logique a besoin d'un remaniement total – sa *Science de la Logique* (WL I, p. 45-46 / 21-22).

1 IM, p. 144 / 192.

2 « Hegel et les Grecs », WM p. 430 / Q I-II, p. 363.

3 Dans « La constitution onto-théo-logique de la métaphysique », Heidegger dit que la science hégélienne est fondée sur Dieu, le Dieu

Afin de faire émerger une proximité plus trouble sous la distinction trop claire entre la pensée de l'être et l'« onto-théologie », je m'inspirerai de la piste héraclitéenne pour éclaircir la *Logique* hégélienne comme une pensée de l'être. Si Heidegger juge que Hegel a englouti le λόγος héraclitéen dans le λόγος johannique, je suggère au contraire que l'infléchissement héraclitéen du λόγος johannique par Hegel appartient déjà à un démantèlement de la métaphysique comparable à celui de Heidegger. Au lieu d'une référence principalement théologique, je chercherai une réponse à la pensée heideggérienne de la φύσις dans une pensée hégélienne de la *vie*, qui ne consiste pas uniquement en une vie divine mais plus généralement en une vie de l'esprit et de la nature. Même dans la *Logique*, la « vie » s'explique par rapport à la « mort », et c'est pourquoi elle n'est nullement le mouvement éternel d'un *primum mobile* ou d'une *causa sui* tranquilles, mais une lutte avec la limite, qui croise la pensée heideggérienne de la finitude[1]. L'être comme φύσις et l'être comme vie seront ainsi présentés comme deux efforts égaux pour « dépasser la métaphysique ».

C'est donc en vue d'un débat avec Hegel que je présenterai maintenant la pensée heideggérienne de l'être via son interprétation d'Héraclite. Dans cette interprétation, je ne prélèverai que trois paroles – φύσις κρύπτεσθαι φιλεῖ (« la nature aime se cacher »), πόλεμος (dont la traduction heideggérienne est *Aus-einander-setzung* ou ex-plication)

étant alors compris comme *causa sui* (ID, p. 44, 64 / 288, 294). Bien qu'il renvoie cette conceptualité au chapitre « Du Concept en général » de la *Science de la logique* (ID, p. 37 / 282), en disant que Hegel y montre comment il pense dépasser la position spinozienne de l'être comme substance et *causa sui* en lui opposant une conception kantienne du sujet comme pur rapport (voir WL II, p. 249-253 / 39-44), Heidegger ne prend pas acte de ce dépassement mais réduit toujours le sujet absolu à la *causa sui* substantielle, immobile et intemporelle – on est tenté de dire : à Spinoza.

1 GA 32, p. 55-56, cf. GA 28, 211.

et λόγος – dont il s'agit de comprendre l'unité. Dans les chapitres suivants, je montrerai comment ils portent à la parole ce que Heidegger entend comme question du sens de l'être, après quoi je montrerai comment cette articulation se reflète dans la lecture heideggérienne de Hegel.

2. Φύσις κρύπτεσθαι φιλεῖ

Selon le fragment CXXIII, Héraclite dit : φύσις κρύπτεσθαι φιλεῖ, « nature aime se cacher »[1]. On sait que φύσις est pour Heidegger un nom de l'être, une parole qui restitue le mode le plus originaire de sa donation[2]. Dans ce qui suit, nous allons voir comment Heidegger fait surgir ce sens par une réfutation méthodique de l'être hégélien[3].

Pour Heidegger, la φύσις selon Héraclite est l'être en tant que « ce qui sans cesse émerge » (*das ständig Aufgehende*) et « ce qui se dévoile sans cesse » (*das immerwährend Sichentbergende*)[4]. Φύσις n'est donc pas la nature

---

1 Trad. Écoles présocratiques, p. 93.

2 Pour un compte rendu juste et détaillé de la traduction heideggérienne du mot φύσις (ainsi que du mot λόγος), nous renvoyons aux chapitres correspondants dans *Heidegger et les paroles de l'origine* de Marlène Zarader. On se rapportera également à Otto Pöggeler, *Der Denkweg Martin Heideggers*, p. 186-207 ; Jean Beaufret, ch. « Héraclite et Parménide » dans *Dialogue avec Heidegger I* ; à Michel Haar dans *Le Chant de la terre*, pp. 109 – 114 ; et à Reiner Schürman dans *Le Principe d'anarchie*, pp. 208-210, 212-218.

3 Dans son interprétation, Heidegger prend ses distances autant par rapport à Nietzsche que par rapport à Hegel. Nous laissons le cas Nietzsche de côté et rappelons simplement que sa « faute » est selon Heidegger de lire Héraclite depuis la volonté de puissance, tandis que la « faute » de Hegel tient à la logicité de sa lecture.

4 Les citations suivantes d'« Aléthèia » : VA, p. 260-266 / 324-332. *Cf.* GA 55, p. 90-93, 110.

rencontrée dans la science ou dans la vie quotidienne[1]. Elle n'est pas non plus l'être comme nature, quand cette dernière est entendue depuis son sens latin de naissance (*nasci*)[2]. C'est pour écarter cette conception que, dans « Aléthèia », Heidegger propose ceci : « nous devrions le traduire par "*Aufgehung*", d'une façon insolite mais fidèle, qui correspond au mot courant "*Entstehung*" ». Or, *Entstehung*, production, est selon Heidegger un maître-mot hégélien : au sein de la science hégélienne, il désigne la venue au monde et la naissance des choses[3]. Lorsque Hegel observe les choses, naturelles ou autres, selon leur « production », il les interroge en vue de leur genèse en faisant signe vers le γιγνεστηαι aristotélicien et la γένεσις chrétienne. *Aufgehung*, qui serait la bonne traduction de φύσις, correspond à *Entstehung* mais ne dit pas la même chose, car *Aufgehung* ne dit pas l'origine comme commencement d'un processus, comme par exemple une graine ou une racine. Il ne dit pas l'émergence du monde depuis une production « par les hommes ou par les dieux », mais sa venue à l'être depuis lui-même.

Lorsque Hegel réfléchit aux choses selon leur naissance ou production, il interroge leur effectivité qui fait signe vers l'énergétique aristotélicienne. C'est sans doute pour rappeler cette dynamique que Heidegger affirme : φύσις dit la même chose que τὸ μὴ δῦνόν ποτε. Mais c'est tout aussi fermement qu'il écarte le δῦνόν de son interprétation énergétique et le traduit par : « le-pourtant-bien-ne-sombrer-jamais » ou « toujours encore pas décliner » (*das doch nicht Untergehen je*). Le δῦνόν n'interroge plus la force motrice mais uniquement la présence des choses, leur façon précaire de se maintenir dans la présence. C'est pourquoi il

1 GA 55, p. 88.
2 GA 29/30, p. 38 / 50.
3 GA 32, p. 159 ; GA 68, p. 112.

est d'abord la pure présence sans fond d'un certain soleil. Le « toujours encore pas décliner » n'est ni le soleil sensible, déclinant régulièrement, ni le soleil intelligible de Platon, éternellement dans son midi. Il est tout d'abord le mouvement du soleil comme Apollon : il peut décliner, le déclin lui est possible mais, toujours encore (*immerwährend*), il ne décline pas. Il se maintient contre son propre déclin et peut émerger grâce à son pouvoir-sombrer. Ainsi, l'éclosion de la φύσις est une clarté qui ne décline toujours pas.

« En lui [en μὴ δῦνόν ποτε] croît ensemble (*concrescit*) tout ce qui appartient à l'événement du dévoilement dont on a la juste expérience. Il est le concret pur et simple. » L'éclosion de la φύσις est le monde en tant que ce dans quoi chaque chose a sa place et où les choses peuvent se rapporter les unes aux autres. Elle est le « concret pur et simple » et cela où « croît ensemble » tout ce qui est vrai. Cela précisément ne doit pas être entendu au sens du concret hégélien.

Pour Heidegger, ce « concret pur et simple » est φύσις comme vie ou, plutôt, comme ἀείζωον : « vivant durant toujours » (*immerwährend lebend*). Cet ἀείζωον parlerait encore dans une note de Nietzsche où celui-ci écrit : « l'"être"… nous n'en avons pas d'autre représentation que "vivre". Comment quelque chose de mort peut-il "être" ? ». Mais la conception de l'être comme vie caractérise également la pensée de Hegel, pour qui le concret est la vie en tant qu'ensemble de ses manifestations naturelles aussi bien que spirituelles. Il est l'esprit qui, selon Hegel, « vit présentement » (*gegenwärtig lebend*)[1] parce qu'il ne meurt pas ; définition qui n'exclut pas mais inclut la possibilité de la mort dans la vie de l'esprit.

Toute vie ne revient donc pas au même. Selon Heidegger, « ζωή et φύσις disent la même chose » : la vie est la

1 VPG III, p. 514-515, Gibelin p. 70, et VPG I, p. 57-58.

même chose que l'être. Seulement, cette vie n'est pas la vie « animale » comprise depuis Aristote comme « croître, se maintenir et dépérir ». Non-aristotélicienne, elle n'est pas hégélienne non plus, que cette vie soit interprétée comme une simple reprise d'Aristote[1] ou qu'elle soit entendue comme une logique du devenir de la vie depuis la mort et de la mort depuis la vie[2]. Pour Heidegger, la vie comme être est « homérique », car « le verbe ζῆν nomme l'émergence dans le lumineux. Homère dit : ζῆν καὶ όραν φάος ήελίοιο, "vivre, et ceci veut dire : contempler la lumière du soleil" »[3]. Ainsi, « se lever constamment », « toujours encore pas décliner » et « vivant durant toujours » — φύσις, δῦνόν et ζῆν — disent une et même chose : la venue dans une luminosité et dans une visibilité[4]. Cela veut dire, *par définition*, que l'équation de la φύσις, du δῦνόν et de la ζῶή ne *dit* pas l'unité concrète de la nature, de la puissance et de la vie. Lorsque Heidegger crée de nouvelles traductions pour φύσις, δῦνόν et ζῶή, il désire donner une possibilité à une nouvelle pensée, à une phénoménologie de l'être jusque là impensable. Ses mots sont lourds et informes, pour ainsi dire « imprononçables » — comme l'étaient, selon lui, la φύσις, le δῦνόν et la ζῶή pour Héraclite. Pourtant, « *Das niemals Untergehende* », « *Aufgehung* » et « *immerwährend lebend* » ne sont ni plus ni moins monstrueux que la pensée à venir, mais ils font voir la monstruosité de la venue d'une nouvelle pensée. Ils énoncent un manifeste pour la manifestation.

---

1 GA 32, p. 206-207.

2 WL I, p. 111-112.

3 Heidegger associe ce sens du ζῆν également à Pindare, GA 55, p. 93 ; EM, p. 77 / 110.

4 Selon Michel Haar, l'interprétation heideggérienne de la vie comme « émerger dans la lumière » ne peut pas être confirmée et surtout pas philologiquement (M. Haar, *Le chant de la terre*, p. 113-114). Pour Heidegger il s'agit d'une conviction directrice : « Que la parole toutefois se meuve dans la région de la clarté, c'est ce qui apparaît comme ne souffrant aucun doute » (VA, p. 272 / 338).

La parole d'Héraclite était cependant : φύσις κρύπτεσθαι φιλεῖ, « l'être » aime *se cacher*. Le κρύπτεσθαι, c'est la façon dont l'être, en tant que ce qui émerge constamment et se dévoile ainsi, se cache et se retire. Le κρύπτεσθαι est la façon dont l'être comme « toujours encore pas décliner » est capable de décliner, la façon dont l'être comme ce dont on peut se souvenir (ἀληθεύω) est oublié de sorte que cet oubli (Λήθη) même est oublié[1]. Heidegger pense le κρύπτεσθαι contre la négativité hégélienne. Contrairement à la négativité – qui demeure selon Heidegger une ressource au service de la pensée déjà assurée[2] – le κρύπτεσθαι nomme un néant irrécupérable.

Le κρύπτεσθαι n'est pas non plus le ψευδής, une illusion recouvrant l'être véritable. Tout est donné, dans la clarté. Dans un rapport à la clarté propre à la φύσις, on pourrait dire que le κρύπτεσθαι est la possibilité d'un aveuglement qui conditionne toute vision et la possibilité d'une distance (et non pas d'un é-loignement) de ce qui échappe au regard. Κρύπτεσθαι dit ce que l'on ne voit pas, afin que l'on voie : on ne voit ni la vision ni ce qui dépasse le champ de vision (ce qui est hors monde). Ainsi, κρύπτεσθαι dirait la finitude du visible : finitude de celui qui voit mais ne se voit pas voir, finitude de l'être qui montre ce qui peut être mais ne montre pas ce qui ne peut pas être. Le κρύπτεσθαι est la limite propre de la clarté du monde.

Κρύπτεσθαι dit purement et simplement la finitude de l'être. Cela dit que l'être n'est pas la présence illimitée d'un être défini, et qu'il renvoie toujours hors de lui-même. En-dehors, il n'y a pourtant aucun *autre être*, dont le retrait réveille le phantasme, mais simplement le sans-fond de la question. Ce qui se cache à l'humain, c'est la réponse à la question du sens de l'être, et par rapport à *cette* question

1 VA, p. 256 / 320.
2 GA 68, p. 14.

le κρύπτεσθαι dit : l'être n'est pas chose évidente, il est ce qu'il faut questionner.

Le φιλεῖ enfin, c'est le rapport entre la φύσις et le κρύπτεσθαι : l'« amour ». C'est surtout dans *Heraklit* que Heidegger insiste sur la nécessité de comprendre cet « amour » autrement que comme lien dialectique[1]. Selon lui, aucune contradiction ne règne entre la φύσις et le κρύπτεσθαι, et aucune relève (*Aufhebung*) ne parvient à « absoudre » leur différence.

Le φιλεῖ, le rapport entre le cèlement et le décèlement, est celui d'une proximité, « la proximité la plus proche » ou « le voisinage le plus proche » (*die nächste Nachbarschaft*)[2]. Heidegger évite de traduire φιλεῖν par « amour », sans doute parce que pour nous autres modernes l'amour rappelle trop le désir de possession et de fusion[3]. Dans le rapport entre la φύσις et le κρύπτεσθαι il s'agit au contraire de l'éloignement au sein de la proximité, grâce à quoi seulement le lien peut apparaître. La φύσις et le κρύπτεσθαι se font être réciproquement depuis leur rapport, le φιλεῖν – qui est leur essence, leur *Wesen* au sens verbal du mot[4].

> Maintenant nous traduisons le φιλεῖν de la parole d'Héraclite par "accorder sa faveur". Par là nous comprenons la faveur au sens d'un donner et d'un protéger originaires [...]. Le donner originaire est protéger ce qui appartient à l'autre parce qu'il appartient à son essence et porte son

1 GA 55, p. 112-113.
2 VA, p. 262 / 327.
3 Sauf dans *Der Satz vom Grund*, p. 113 / 155, mais Heidegger précise que la conception grecque de l'amour diffère de la nôtre : « Mais que signifie, au sens que lui donnaient les Grecs, le verbe φιλεῖν, aimer ? Il signifie : s'appartenir l'un à l'autre dans le Même. » (Et donc pas : devenir un.)
4 VA, p. 263 / 327-328.

> être. L'amitié, la φιλία, est donc la faveur qui accorde à l'autre l'essence qui lui est propre, de sorte que l'accorder laisse l'être accordé fleurir dans sa propre liberté. Dans "l'amitié", l'être qui est accordé réciproquement est libéré à soi-même.[1]

Le φιλεῖν est un rapport qui maintient la distance au sein de l'inclination et renvoie chaque terme à son essence la plus propre. Leur inclination est leur penchant ou leur sympathie réciproque : ce qui fait que la φύσις et le κρύπτεσθαι « ne sont pas séparés l'un de l'autre, mais tournés et inclinés l'un vers l'autre (gegenwendig einander zuneigt) »[2]. Pourtant chacun est retenu par la réserve, se tenant (caché) auprès de soi-même, calme dans son désir même[3]. La φύσις et le κρύπτεσθαι sont l'un contre l'autre, l'un face à l'autre, l'un vers l'autre : c'est leur désir, le plus léger et le plus discret qui soit.

Désir presque sans désir, faveur mutuelle, l'être que chacun accorde à l'autre, la φιλία est aussi ἁρμονίη ἀφανὴς, l'invisible harmonie qui tient le monde dans sa visibilité[4]. L'amour est ici la même chose que l'harmonie : il rassemble les éléments du monde de sorte qu'ils soient liés, tournés les uns vers les autres, et pourtant séparés, chacun retiré en soi. Heidegger oppose ἁρμονίη ἀφανὴς à l'unité dialectique du système hégélien. Le désir animant la dialectique n'a pas cette réserve et sobriété[5] ; il ne respecte pas l'écart mais se

---

1 GA 55, p. 128.

2 VA, p. 263 / 328.

3 La réserve, *die Verhaltenheit,* est ainsi synonyme de *die Scheu* qui traduit, dans « Alèthéia », αἶδῶς, la « pudeur » d'Ulysse qui cache ses larmes suscitées par un poème chanté (*Lied*). VA, p. 255 / 318-319.

4 VA, p. 264 / 329.

5 L'harmonie du système phénoménologique hégélien n'est calme que sur le fond d'une ivresse commune, dans laquelle « seul le mort est

précipite dans la synthèse qui annule l'opposition. Le fondement du système est la raison comme ensemble de propositions positives[1], alors que Heidegger décrit l'harmonie fondamentale comme écart qu'aucune proposition ne peut combler[2].

Cette interprétation du φιλεῖν comme inclination réservée règne sur toutes les relations décrites par Heidegger, y compris dans sa propre « amitié » avec Hegel. Dans la réinterprétation heideggérienne d'Héraclite, le φιλεῖν ne règne cependant pas entre *termes* (d'un système ou d'un ajointement du monde) mais uniquement entre la φύσις et le κρύπτεσθαι. Ce ne sont pas exactement des termes séparés mais les deux versants de l'unique événement de l'être. L'« accord favorable » règne entre l'être et son retrait et dit comment l'être est : il en dit le mode de donation ou le principe de sa production transcendantale, si de telles expressions ont encore cours ici. Dans un rapport d'« accord favorable », l'être et son retrait se rendent mutuellement possibles : seul ce qui peut ne pas venir au jour *peut* venir au jour, seul ce qui peut ainsi ne pas rester caché *peut* rester caché. Dans cette logique, où le possible n'émerge que depuis la possibilité de sa propre impossibilité, ceux qui se rendent possibles ne se causent ni ne se déterminent : simplement, l'être et son retrait se font être en tant que tels. Le retrait de l'être ne s'oppose à l'être ni ne le nie mais fait voir l'être tel qu'il est dans ce qui lui est le plus propre. L'être ne peut être saisi dans sa venue qu'en le confrontant avec son retrait ; le retrait de l'être n'a de sens que depuis la question du sens de l'être.

---

sobre [...] tandis que la vie de l'esprit n'est pas satisfaite par la sobriété mais elle est poussée, elle passe de la faim et de la soif de la vérité vers leur connaissance [...] » (VGP, p. 36 ; PDG, p. 46 / 57).

1 Par ex. « Colloquium über Dialektik » (*Hegel-Studien, Band* 25), p. 22 / 19.

2 Par ex. VA, p. 213.

Voici ce que veut dire Heidegger lorsqu'il traduit la phrase φύσις κρύπτεσθαι φιλεῖ par une phrase tout aussi obscure (bien que moins gracieuse) que la phrase grecque : « Das Aufgehen (aus dem Sichverbergen) dem Sichverbergen schenkt's die Gunst ». Suivant la traduction française de la traduction heideggérienne par A. Préau, φύσις κρύπτεσθαι φιλεῖ ne dit donc pas « nature aime se cacher » mais « l'émerger (hors du se-cacher) accorde sa faveur au se-cacher ». Voici ce que Hegel n'aurait pas entendu dans la φύσις héraclitéenne.

3. Πόλεμος

Le φιλεῖν est l'accord favorable qui maintient la φύσις et le κρύπτεσθαι dans leur inclination réciproque et dans leur réserve. Même si la réserve de l'être peut nous sembler violente, elle appartient encore à l'essence « aimante » du φιλεῖν. L'être, comme tel, est favorable car il se donne – comme tel.

La violence entre dans l'interprétation heideggérienne d'Héraclite sous le nom de πόλεμος. Le πόλεμος ne caractérise pas l'être comme tel mais l'*apparaître*[1] : comme πόλεμος, l'être qui *est* selon le φιλεῖν, *apparaît aux* hommes (et aux dieux) *en tant que monde*. La négativité du πόλεμος n'est ni celle du rien (*Nichts*) ni celle du retrait (κρύπτεσθαι),

---

1 Comme dans « Alétheia », dans *Introduction à la métaphysique* Heidegger parle d'un combat dans l'être même « entre l'être et l'apparaître » (EM, p. 80 / 114), c'est-à-dire entre l'être « comme tel » et l'être dans son rapport aux humains. « [πόλεμος…] Le s'ex-pliquer-l'un-avec-l'autre (Aus-einander-setzung) — c'est-à-dire non pas simplement les querelles et les disputes mais le combat sur ce dont il peut être combattu (Streit des Streitbaren) ; il pose (sezt) l'essentiel et l'inessentiel, le haut et le bas dans leurs limites (Grenzen) et les amène à apparaître. » (EM, p. 87 / 122, tr. modif.). *Cf.* VA, p. 269 / 335 ; WM, p. 418.

qui ne s'opposent à rien mais indiquent simplement le retrait des explications. Le πόλεμος ne nomme pas une absence de vérité qui laisserait les hommes et les dieux dépourvus du sens. Au contraire, il *oppose* un étant à l'autre et fait voir ainsi l'être exactement *tel* qu'il est. Pour résumer l'opération du πόλεμος en une phrase, nous pourrions dire : le πόλεμος montre qu'*il en est ainsi*. Et dans son aspect de φιλεῖν et dans son aspect de πόλεμος, l'être se donne comme tel. Le φιλεῖν nomme purement et simplement le fait de cette donation : l'être est favorable parce qu'il se donne, parce qu'il y a quelque chose plutôt que rien. Le πόλεμος nomme ceci que l'être se donne *tel* qu'il se donne, il se donne précisément *ainsi*, selon la finitude d'une certaine articulation ou ajointement (*Fug*) de ce qui est.

Le πόλεμος fait apparaître des étants (*Anwesenden*) les uns par rapport aux autres :

> De même le fragment 53, souvent cité et la plupart du temps d'une façon incomplète, nomme ensemble les immortels et les mortels, lorsqu'il dit : πόλεμος, l'ex-plication (die Aus-einander -setzung) (l'éclaircissement) montre les uns comme dieux, parmi ceux qui sont présents, les autres comme hommes, elle pro-duit, fait apparaître, les uns comme esclaves, les autres comme hommes libres. Ce qui veut dire : la clarté qui dure fait en sorte que dieux et hommes soient présents (lässt anwesen) dans la non-occultation, de sorte qu'aucun d'eux ne puisse jamais demeurer caché ; non pas cependant parce que tout un chacun serait remarqué (bemerkt) par quelqu'un, mais simplement pour autant que chacun est présent (anwest).[1]

---

1 VA, p. 269 / 335.

Le πόλεμος est avant tout la *relation* qui ouvre la dimension du monde. Il nomme une autre relation transcendantale que la contradiction hégélienne — laquelle, selon Heidegger, égalise les étants en termes comparables et relève / supprime (*aufhebt*) leurs différences. Le πόλεμος ne règne pas entre propositions mais entre des étants-présents (*Anwesenden*). Au lieu de les égaliser, il montre au contraire qu'ils sont incomparables et maintient leur distance. Heidegger traduit πόλεμος par *Aus-einander-setzung* que je rends par *explication* : à la fois combat et éclaircissement. Littéralement, *Aus-einander-setzung* dit, comme dans le fragment d'Héraclite, la « position des uns hors des autres », la séparation et la distribution de ceux-qui-sont-présents de sorte qu'ils ne soient pas « similaires » ni « égaux » mais que chacun ait son mode d'être et sa manière d'apparaître propres : certains sont dieux, d'autres sont hommes, les uns sont esclaves et les autres sont libres. Séparation et combat, l'*Aus-einander-setzung* est une distribution douloureuse qui articule l'ordre du monde mais cause aussi les maux de l'ὕϐρις et de l'orgueil, de la colère divine et du dépouillement humain — car ceux-qui-sont-présents ne savent pas toujours se conformer à l'ordre donné. En montrant l'ordre et le désordre du monde, le πόλεμος montre, inébranlable : dans ce monde, *il en est ainsi*.

Si la raison dialectique réconcilie les propositions, le regard de la pensée de l'être veut faire apparaître leur conflit. Le πόλεμος réunit deux motifs qu'on peut qualifier de phénoménologiques : d'une part, le principe selon lequel l'*être est apparaître* et, d'autre part, l'idée selon laquelle l'être se montre à ceux-qui-sont-présents *en tant que monde*. Le πόλεμος héraclitéen dit : l'être apparaît en tant que monde.

Dès *Être et temps*, Heidegger explique le principe *être est paraître* dans le cadre d'une sorte de phénoménologie. Selon elle, nous ne cherchons pas à savoir *ce que* sont les choses mais *comment* elles sont[1] : nous n'en examinons pas l'εἶδος mais le mode d'être. Ainsi nous voulons pénétrer par-delà l'opposition entre la représentation et la chose en soi jusqu'à la *chose même, die Sache selbst* – qui, précisément, *est* en *apparaissant*. Dans le célèbre § 7 A d'*Être et temps*, Heidegger explique l'essence de l'apparaître en traduisant le mot grec φαινόμενον : ce qui apparaît, le phénomène, est *ce qui se montre en lui-même, das Sich-am-ihm-selbst-zeigende*. La chose même se montre par elle-même et telle qu'elle est. *Nous* ne la montrons pas, et elle ne montre pas *autre chose* qu'elle-même.

Lorsque la chose se montre comme telle, nous « voyons » sa vérité, que Heidegger décrit dans le § 44 b) d'*Être et temps* comme un être-découvert et un être-décelé, *Unverborgenheit* et *Entdecktheit*. Mais comme tout ne se montre pas comme tel, ou comme tout ce que nous voyons n'est pas de l'ordre de la chose même, l'erreur demeure toujours possible. Pour Heidegger, l'erreur appartient à l'apparaître. Dans *Introduction à la métaphysique* Heidegger explique comment la chose, tout en venant au jour pour nous, se montre d'ores et déjà selon une apparence[2] et selon un aspect, qui donnent également lieu à l'εἶδος, à l'ἰδέα et à la forme de la chose[3]. L'εἶδος et l'ἰδέα ne sont pas fausses en elles-mêmes mais peuvent conduire à l'errance si l'homme ne voit dans les choses que leur aspect et non pas ce qui, dans leur éclat, dépasse cet aspect : le mouvement de la φύσις. Si l'homme se limite à « prendre » (*Annehmen*) ce que l'aspect lui « donne », il n'accède qu'au simple semblant (*bloße Annahme*)[4]. Ce risque est quasiment institutionnalisé

---

1 SZ, p. 27-29.

2 EM, p. 76 / 109.

3 EM, p. 79 / 112.

4 La logique heideggérienne de l'*Annahme* ressemble pourtant à la logique hégélienne de l'opinion (*Meinung*) (PDG, p. 85, W 18, p. 30 / *cf.* tr. p. 34, 82-83). C'est à cause de la clôture d'une conscience isolée

dans la représentation (*Vorstellung*) caractéristique, selon Heidegger, des Temps Modernes. Dans la représentation, l'homme ne « prend » finalement que ce que lui-même a « posé » : il se reflète dans un cercle infernal dont il n'y a plus de sortie possible et *ne voit plus le monde.* Selon la thèse fondamentale de Heidegger, ce développement aboutit dans la dialectique hégélienne qui oppose des représentations et non pas les choses en elles-mêmes. Contre une telle dialectique, le πόλεμος montre les étants-présents eux-mêmes : la pensée ne peut plus les ramener à l'unité mais peut mesurer la dimension qui s'ouvre entre eux.

Dans la pensée tardive de Heidegger, issue en partie de son travail sur Héraclite, la question de l'apparaître ne se pose plus en premier lieu en fonction d'un « sujet » ou du *Dasein*. Elle articule la totalité de ce qui est : le monde. Πόλεμος est ce qui *montre* le monde[1]. Ce monde n'est ni l'univers scientifique ni l'environnement de l'homme mais le κόσμος comme co-présence des mortels et des immortels[2].

Pour Heidegger, le monde héraclitéen ouvert par le πόλεμος consiste avant tout en Mortels et Immortels. Ce ne

---

que les deux rejettent une simple vue sur la chose redoublée par une représentation. La sortie du problème est cependant différente chez les deux auteurs : Hegel s'appuie sur le témoignage de la langue et de la communauté afin d'accéder à l'idée de l'unicité de l'idée, alors que Heidegger veut percer la représentation vers son origine dans le mouvement de l'être.

1 « […] ce n'est que dans le πόλεμος, dans l'ex-pli-cation (de l'être), qu'advient la séparation (auseinandertreten) des dieux et des hommes. Seul un tel combat, ἔδειξε, *montre*. Il fait entrer les dieux et les hommes dans leur être ». (EM, p. 110 / 151, tr. modif.)

2 « Par le mot "feu", Héraclite nomme […] "ce qu'aucun des dieux ni des hommes n'a pro-duit", ce qui plutôt, devant les dieux et les hommes et pour eux, repose en soi, déjà et toujours, comme φύσις, demeure en soi et préserve ainsi toute venue. Or ceci est le κόσμος. Nous disons "le monde" et nous le pensons mal, aussi longtemps que nous nous le représentons exclusivement, ou même seulement en premier lieu, en termes de cosmologie ou de philosophie de la nature. » (VA, p. 267 / 332.)

sont pas des êtres dont on demande ce qu'ils sont, comme les êtres naturels constituant un système de la nature. Ce ne sont pas non plus des êtres parlants constituant une communauté humaine. Ce sont, dit Heidegger, des êtres dont on demande *qui* ils sont[1]. Ils sont à la portée d'une telle question grâce à leur « éclat », qui ne signifie pas seulement qu'ils sont présents dans ce monde mais qu'ils lui accordent sa présence : il ne sont pas seulement dans la clarté mais peuvent, chacun à sa manière, éclairer le monde[2]. Ailleurs, Heidegger accole aux Mortels et Immortels le Ciel et la Terre, que Hésiode appelait encore Ouranos et Gaia, et trace ainsi les limites du « quadriparti » comme site d'un envoi de l'être surpassant toute communauté destinale seulement humaine[3]. Le monde ne préexiste pas à ses habitants, car il est la dimension que leur comparution ouvre.

Le monde comme κόσμος est la coprésence ou la comparution de ses habitants mais, précise Heidegger, cela ne les rend pas dépendants les uns des autres, comme par exemple dans la reconnaissance hégélienne[4]. Leur présence

---

1 VA, p. 269 / 335.

2 La présence des immortels et des mortels est accordée par la « clarté » (*Lichtung*). En même temps ils *sont* la clarté même (*die Lichtung selber*). Ils sont donc distingués des autres êtres par le fait qu'ils se rapportent à la vérité et ne se trouvent pas seulement dans le monde vrai (ce serait le cas, dans cette cosmologie, des animaux et des objets inanimés). Ils sont donc également des sources de la clarté : « De quelle sorte est cependant la présence des dieux et des hommes ? Dans la clarté ils ne sont pas seulement éclairés (beleuchtet), mais ils sont illuminés (erleuchtet) par elle et vers elle. Ils peuvent ainsi, à leur façon, parachever l'éclairement (c'est-à-dire l'amener à la plénitude de son être) et par là veiller sur la clarté. [...] Ils sont éclairés dans leur être (Wesen). Ils sont conquis par la lumière : transpropriés dans l'avènement de la clarté et pour cette raison jamais cachés mais dés-abrités (sie sind er-lichtet : in das Ereignis der Lichtung Vereignet, darum nie verborgen, sondern ent-borgen. » (VA, p. 270-271 / 336-337.)

3 Surtout dans « Bâtir, habiter, penser » et « La Chose », in VA.

4 « La clarté qui dure fait en sorte que dieux et hommes soient présents

tient uniquement à ceci que chacun *est présent*, laissé dans sa présence par la « clarté » de l'être. Ainsi le πόλεμος maintient la séparation grâce à laquelle les habitants d'un monde sont présents ensemble et pourtant incommensurables et incompréhensibles les uns à l'égard des autres. Voici, pour Heidegger, le trait, la déchirure qu'aucune contradiction ne peut concilier, qu'aucune relève ne peut fermer.

4. Λόγος

Dans l'article éponyme, Heidegger traduit « λόγος » par *rassemblement*, *Versammlung*[1]. Le λόγος rassemble ce que le πόλεμος écarte ; il maintient dans la présence la dimension du monde et la donation de l'être[2]. Le λόγος héraclitéen est pour Heidegger l'articulation de l'être, la dialectique de l'être même. Grâce au rassemblement dans le λόγος, le monde est un Tout, ἓν πάντα. Corrélativement, le λόγος est aussi l'œuvre humaine, non pas en tant que produit d'une volonté individuelle mais au contraire en tant que ce qui rassemble les humains en une communauté.

Par définition, le λόγος comme rassemblement, *Versammlung,* est autre chose que le λόγος comme raison, *Vernunft*. Corrélativement, l'*articulation de l'être* (ἓν πάντα) est autre chose que l'*organisation de la pensée* (système). C'est pourquoi Heidegger peut considérer que le λόγος hégélien ne s'appuie précisément pas sur le λόγος héraclitéen. Réduit au λόγος johannique, son λόγος ne serait que la subjectivité absolue qui fait de l'être un objet pour le sujet et

[…] non pas cependant parce que tout un chacun serait remarqué par quelqu'un, mais simplement pour autant que chacun est présent » (VA, p. 269 / 335).

1 VA, p. 202 / 253.

2 VA, p. 213 / 268.

cache la dimension de l'ouverture originaire[1]. La *Logique* hégélienne ne serait qu'une opération de raison.

Selon Heidegger, en tant que φύσις κρύπτεσθαι φιλεῖ, l'être est comme tel ; en tant que πόλεμος l'être se montre ; et en tant que λόγος, l'être se dicte à l'homme – et c'est uniquement grâce à ce triple don que l'homme peut dire son λόγος, la parole. Heidegger réunit dans sa lecture du λόγος toute sa critique des acceptions usuelles de la raison et de la représentation. Je présenterai d'abord le λόγος du monde : Heidegger oppose sa finitude à l'infini de la raison hégélienne. J'exposerai ensuite le λόγος humain, que Hegel aurait si mal compris que cela reviendrait à son oubli. Le débat avec Hegel étant peu explicite dans les lectures heideggériennes d'Héraclite, je l'expliquerai via *Être et temps* et « Identité et différence ».

Dès le § 7 B d'*Être et temps*, Heidegger définit le λόγος comme λόγος ἀποφαντικος contre le λόγος « logique ». Si l'interprétation logique du λόγος comme raison, jugement, concept, fondement ou rapport voit le λόγος comme une *relation entre* des termes, Heidegger considère qu'elle laisse ininterrogée la *provenance* des termes eux-mêmes. Bien que Hegel ne soit pas nommé dans ce paragraphe, il est évident que, pour Heidegger, il contribue à l'échec de la seule traduction moderne qui aurait pu faire entrevoir une autre compréhension du λόγος – *die Aussage*, l'énonciation ou proposition, littéralement « ce qui est dit de quelque chose » – car il serait un des penseurs qui analysent l'essence de l'*Aussage* depuis celle du jugement, *die Urteil.* (Heidegger ignore dans cette démonstration le fait que la logique hégélienne soit en réalité une logique du contenu et non pas un ensemble de rapports neutres[2].)

---

1 Voir le chapitre « Logos et esprit » de *Du* logos *chez Heidegger* de Denise Souche-Dagues.

2 *Cf.* p. ex. Werner Marx, *Absolute Reflexion und Sprache*, ch. 1.

C'est pour ouvrir la question de la chose, dont l'aspect peut aussi subsidiairement devenir terme dans une relation, que Heidegger se tourne vers la conception aristotélicienne du λόγος ἀποφαντικος qui « fait voir ἀπο… à partir de cela même dont il est parlé ». Entendu comme ἀποφαίνεσθαι, le λόγος ne porte pas sur les raisons des choses mais sur la phénoménalité de ce qui *est* en apparaissant : ἀπο-φαίνεσθαι fait voir ce qui se montre.

Le λόγος dit la vérité phénoménologique en *faisant voir* ce que la φύσις *est* et ce que le πόλεμος *montre*. Dans le § 44 A d'*Être et temps*, Heidegger rappelle que la conception traditionnelle de la vérité comme correspondance (ὁμοίωσις, *adaequatio* ou *correspondentia*) examine certes la vérité comme rapport entre la chose et ce qu'on en dit (énoncé, proposition, représentation), mais laisse ininterrogée la possibilité d'un tel rapport. La vérité phénoménologique doit précisément en rendre compte. Le λόγος et la φύσις ne sont pas pour lui deux entités incommensurables mais différents *modes* d'une seule entité, de la chose même. Le λόγος fait voir la φύσις qui sinon resterait célée : il est la façon dont la chose se donne à penser. Dans le λόγος, la φύσις montre son retrait et sa donation : se retirant, elle est plus originaire que le λόγος et, se donnant, elle est vraie. Le rapport entre la φύσις et le λόγος est actif, une donation réciproque, un seul et même événement de vérité.

Une certaine réduplication se produit néanmoins entre la chose et ce qu'on en dit, et la mesure de cette réduplication est la *mêmeté, Selbigkeit*. Dans le § 44 A d'*Être et temps*, Heidegger l'examine dans les termes encore approximatifs de l'énonciation (*Aussage*) et dit que celle-ci devient vérité lorsque l'étant qu'elle énonce s'y montre *comme le même* et *en tant que soi-même*[1]. Beaucoup plus tard, dans « Principe d'identité » contenu dans *Identité et différence*, Heidegger

1 SZ, p. 218.

revient sur la façon dont le λόγος dit une identité et, cette fois, il présente son interprétation explicitement contre celle des idéalistes allemands et notamment de Hegel. Évoquant ces derniers, Heidegger part de la loi de la pensée A = A. Dans un premier temps, Heidegger s'oppose à l'analyse hégélienne de l'identité en traduisant sa racine latine *idem* par *das Selbe* et non par *die Gleichheit*[1]. *Die Gleichheit* indique la possibilité en général d'un rapport entre deux termes, exemplifié par la tautologie, et l'enjeu véritable de l'analyse est ce ταυτος. En revanche, lorsqu'on considère la chose comme *das Selbe*, ce ταυτος est comme absorbé dans le fait que la chose, au lieu de se redoubler dans une auto-réflexion, se donne d'elle-même. Heidegger cherche donc à comprendre l'identité au sens de l'identification d'une chose telle qu'elle est en elle-même, et non au sens où on peut identifier une chose avec une autre chose, comme dans une comparaison. La mesure de la tautologie est toujours contenue dans la préposition *avec* (*mit*). Dans l'idéalisme allemand, selon Heidegger, cet *avec* originaire relie plusieurs termes qui se trouvent pour ainsi dire au même niveau. Pour Heidegger, au contraire, le *avec* s'établit, pour ainsi dire, en profondeur et non horizontalement : il a lieu entre la chose et elle-même et constitue l'identité au sens de l'être de l'étant.

Ainsi, dans « La constitution onto-théo-logique de la métaphysique », Heidegger interprète l'identité comme différence ontologique. Selon lui, le *est* de la phrase A *est* A doit être compris transitivement : il est ce qui « fait être » A[2]. Le principe d'identité ne dit rien d'autre que l'identité de l'être et de l'apparaître : aucunement séparables l'un de

---

1 ID, p. 9-12 / Q I-II 257-260. Dans la *Science de la Logique*, Hegel introduit le concept d'identité à partir d'une réflexion sur la *Gleichheit.*
2 ID, p. 56 / Q I-II, p. 298-299.

l'autre, ils se produisent mutuellement. Heidegger exprime leur rapport réciproque en disant que lorsqu'un rapport d'identité se produit, l'être « survient » dans l'étant et l'étant « arrive » à son être. Entre la Sur-venue de l'être et l'Arrivée de l'étant, Heidegger décèle ce qu'il appelle une Dif-férence (*Unter-Schied*). La Dif-férence est l'écart au cœur de la différence ontologique. D'une part, la Différence est à peine une différence, car l'être et l'étant sont une seule chose considérée dans son être : de ce point de vue, la Dif-férence n'est autre que le Même (*das Selbe*) constituant l'identité de la chose. D'autre part, la Survenue et l'Arrivée ne sont pas deux choses identiques mais deux mouvements tout à fait différents dont la coïncidence donne lieu à un seul événement. De ce point de vue, la Différence est l'entre-deux (*das Zwischen*) de la Sur-venue et de l'Arrivée. L'entre-deux s'ouvre parce que la Sur-venue et l'Arrivée se maintiennent (*halten*) dans un rapport où elles sont à la fois portées l'une vers l'autre et l'une hors de l'autre (*auseinander-zueinander getragen*). Ce rapport où l'être survient dans l'étant et où l'étant arrive à son être de sorte que l'un et l'autre sont le même sans pour autant revenir au même s'appelle « conciliation » (*Austrag*).

Le λόγος identifie donc la chose en la faisant apparaître selon la différence ontologique. Nous pouvons simplifier en disant qu'il identifie en appelant la chose par son *nom*. Nous avons vu dans « Aléthèia » comment Heidegger désignait les êtres-présents (*die Anwesenden*) comme répondant à la question *qui ?* et non pas à la question *qu'est-ce que ?* L'identification ne porte plus chez Heidegger sur le *Was-sein* mais sur le *Daß-sein* de ce qui peut avoir un *nom*. Bien entendu, un tel « nom » n'identifie pas au sens d'une identité personnelle, pas plus qu'il ne nomme des étants ordinaires. Lorsque Heidegger, dans ses lectures d'Héraclite, « nomme » ce qui est présent, il l'appelle alors les Mortels et les Immortels. Le « nom » d'un étant-présent ne l'identifie alors pas en *disant* qui il est. Il *demande* qui il est précisément parce qu'il ne peut pas le savoir mais peut seulement montrer qu'il est présent. C'est ainsi que le λόγος est aussi un signe (*Zeichen*), à savoir ce qui montre (*zeigt*)[1].

Dans ce qui précède, nous avons examiné le λόγος comme une plongée vertigineuse qui fait voir la chose dans son être. Cela n'est cependant qu'un aspect du λόγος que Heidegger trouve chez Héraclite. Car chez Héraclite, le λόγος est aussi ce qui laisse-étendre-devant le *tout*, ἓν πάντα[2]. Le tout ne se résume alors jamais aux noms de ses habitants mais dicte leur co-présence. Dans sa forme la plus complète, le λόγος est λόγος du tout, l'articulation des *rapports entre* les étants-présents (voire, ailleurs, le rapport entre les éléments du quadriparti ou le rapport constitutif de l'*Ereignis*). Un tel rapport est « horizontal » et dit la « dialectique » de l'étendue du monde. Par définition, ce rapport doit être alors distingué du rapport dialectique constitutif du système hégélien. La « différence » est maintenant la séparation, par le πόλεμος, des étants-présents définitivement inégaux. La « conciliation » (*Austrag*) n'est plus simplement le mouvement qui livre les étants à leur être mais le « trans-port » (*Austrag*) qui les tourne, à même leur séparation, les uns vers les autres. Le διαφερόμενον est l'extrême étendue qui s'ouvre entre eux. Le διαφερόμενον n'est pas un rapport dialectique, parce qu'aucune relève, aucun troisième terme, aucune réunification des êtres séparés n'est possible. Le tout est une déchirure totale sans médiation aucune. Il est une déchirure aux deux sens du πόλεμος qui, d'une part, peut ne pas montrer et, d'autre part, empêche toute coïncidence des éléments du monde : ἓν πάντα est une

1 *Cf.* Zarader, *op. cit.*, p. 175. D'autre part, le signe est l'homme en tant qu'il dit le λόγος (VA 130 / 160). J'y reviendrai.

2 VA, p. 212-213 / 266-268.

di-mension moins que vide, n'existant que par le conflit. Et le λόγος est ce qui laisse voir ἓν πάντα.

Pour Heidegger, le λόγος comme articulation propre de l'être est donc une sorte de dialectique déchirée par la différence ontologique caractéristique de son être et par le « trans-port » caractéristique du tout. Dans la mesure où cela peut encore se nommer une dialectique, celle-ci doit être radicalement dissociée de la dialectique hégélienne. Dans le *Colloque sur la dialectique*, Heidegger explique la dialectique hégélienne depuis Platon, comme relation mutuelle des idées[1], et depuis Descartes, comme relation des représentations par rapport à la conscience de soi dont ce sont des représentations : il s'agit donc d'une dialectique purement « horizontale » et tendant à une unification positive qui ne pose la différence que pour la supprimer aussitôt. La lecture du λόγος héraclitéen est tout d'abord dirigée contre cette acception de la dialectique.

Chez Heidegger, la question du λόγος se pose par rapport à l'homme. En revanche, selon lui, chez Hegel « le rapport entre l'être humain et l'absolu demeure inélucidé… une telle question ne se pose pas pour Hegel, parce que la subjectivité absolue est présupposée »[2].

Dans le monde héraclitéen interprété par Heidegger, le λόγος n'est pas l'œuvre de l'homme. Pourtant, sans homme il n'y aurait pas de λόγος. Le πόλεμος, déjà, ne montre le monde que pour autant que l'homme confronte l'explication du monde avec sa propre explication du monde bien que, plus précisément, l'explication à la mesure de l'homme soit davantage une explication *avec* l'étant qu'une explication *de* l'étant[3]. Le πόλεμος explique la φιλία, et cette expli-

1 « Colloquium über Dialektik » (*op. cit.*), p. 12-15 / 11-18.
2 *Ibid.*, p. 20 / 16.
3 EM, p. 110 / 151.

cation précède logiquement les explications que l'homme peut donner du monde. En dernière analyse, l'homme ne peut que répondre à ou être responsable devant la question qui lui est adressée « par l'être » ou « par le monde ». Incapable de *produire* la question par lui-même, l'homme *peut* cependant l'accueillir, il *peut* en porter la responsabilité, il *peut* amener l'étant dans son être, poser des limites et des figures, et projeter quelque chose qui *pourrait* devenir présent.

Pour Heidegger, le pouvoir-expliquer de l'homme est toujours précédé par son « impouvoir » plus originaire encore. Cette impuissance fondamentale n'est pas un signe de faiblesse, au contraire : c'est précisément parce que l'homme *peut* ce qui n'est pas en son pouvoir qu'il est essentiellement puissant (ou violent : *Gewaltig*) et transcendant[1]. Or, que *peut* l'homme ? Son pouvoir est un savoir et un faire, dont le nom le plus ancien chez Héraclite est le λόγος. L'homme est capable du λόγος, il peut λέγειν — et pourtant, en vérité, le λόγος n'est rien d'autre que l'être même.

Dès le § 7 d'*Être et temps*, Heidegger a associé ἀποφανσις à la « communication » (*Mitteilung*) : la vérité est donnée en partage aux hommes. Dans « Principe d'identité », Heidegger souligne l'importance de la question de l'homme par rapport à la pensée hégélienne. Dans sa *Logique*, Hegel examine le savoir pur et articule la vérité de l'être comme ensemble des rapports transcendantaux purs, tandis que Heidegger examine la manière dont la question du sens de l'être ne se pose que pour l'homme[2]. Autrement dit, une différence majeure entre la dialectique hégélienne et

1 Le motif de la puissance ou de la violence (*Gewalt*), ancré dans celui de l'« inquiétante étrangeté » (*Unheimlichkeit*), provient de l'*Introduction à la métaphysique* (p. 114 *sqq.* / 155 *sqq.*) et celui de la transcendance est exposé rigoureusement dans « Vom Wesen des Grundes » (WM) / « Ce qui fait l'être-essentiel d'un fondement ou "raison" » (Q I-II).

2 ID 16-17, Q I-II, p. 262-264.

la différence ontologique est ceci que seule la question de la différence ontologique présuppose et contient explicitement la question de l'homme. La différence ontologique signifie l'ouverture de la question de l'être pour l'homme.

Dans « Principe d'identité », Heidegger présente ce débat par le biais du concept de fondement que Hegel examine dans sa *Logique* après les déterminations de la réflexion (identité, différence, contradiction). Le fondement hégélien est ce qui fait venir au jour (*hervorbringen*) et réunit l'étant dans une unité[1], autrement dit, ce qui maintient ensemble les rapports transcendantaux. Heidegger interprète ce fondement au sens de Dieu ou de la *causa sui*, autrement dit comme un principe rationnel qui prédétermine l'être. Chez Hegel, « L'être se manifeste comme la Pensée. En d'autres termes : l'être de l'étant se dévoile comme le fond (Grund) qui s'approfondit (ergründet) et se fonde lui-même en raison (begründet). Suivant leur origine essentielle, le fond et la *ratio* sont le λόγος entendu comme ce qui rassemble et laisse étendu-devant : ἓν πάντα. »[2] Le fondement (*Grund*) hégélien serait ainsi le λόγος comme « ce qui rassemble et laisse étendu-devant » le tout, ἓν πάντα. Tel est également la définition heideggérienne du λόγος dans « Logos ». Or, si Heidegger veut se démarquer du fondement hégélien, ce n'est pas parce que le λόγος ne devrait pas être « divin » et « rationnel » mais parce que le λόγος ne peut pas être fondé par le principe divin lui-même. L'aveuglement de la métaphysique tient à sa compréhension de l'être comme « fondement de façons multiples, comme λόγος, comme ὑποκειμενον, comme substance, comme sujet »[3]. Pour Heidegger, au contraire, l'être lui-même n'est pas le fondement. L'être ne se fonde pas par lui-même car seul l'homme

1 ID, p. 45 / 289.
2 ID, p. 48 / 298.
3 ID, p. 51 / 294.

peut fonder la vérité de l'être. Même si le λόγος ne fait rien d'autre que rassembler et laisser-étendue-devant la totalité de l'être, il n'est pas institué par l'être mais par l'homme. Dans la réflexion hégélienne du fondement, il n'est nullement question de l'homme car, au contraire, Hegel montre la façon dont la « chose en soi-même » — correspondant à peu près au « monde » heideggérien — se produit par et depuis elle-même. C'est précisément cette autonomie de la production transcendantale que Heidegger récuse dans *Identité et différence*.

Afin d'introduire l'homme dans la réflexion du fondement, Heidegger change entièrement le sens de « fondement ». Au lieu de l'analyser selon la dialectique du fondement et de l'abîme, il faut le comprendre comme un « saut »[1]. Le « saut » signifie un changement dans l'approche de l'être : il faut s'exposer à l'expérience dans laquelle l'homme peut se trouver au milieu de l'être. L'homme peut appartenir à l'être parce qu'il peut l'entendre. Cette co-appartenance se manifeste d'emblée dans le fait que l'homme se trouve dans un monde, autrement dit dans une constellation de l'être et de l'homme. Un monde peut devenir « visible » depuis la question « où sommes-nous ? » Dans « Le principe d'identité », la question « où sommes-nous » mène Heidegger d'abord à interroger l'essence du monde de la technique caractérisé par ce que Heidegger appelle *Ge-stell* : « tel est le nom de la provocation (Herausfordern) qui dis-pose (zu-stellt) l'homme et l'être l'un par rapport à l'autre de sorte qu'ils se placent (stellen) l'un l'autre réciproquement ». Le *Ge-stell* tend toujours à figer l'être en un simple pro-jet et à fermer l'essence de l'homme au questionnement qui lui appartient en propre. Mais il peut également permettre l'avènement de ce que Heidegger appelle *Ereignis* : dans l'*Ereignis*, l'homme laisse advenir

1 ID, p. 20-26 / 266-272.

l'être au lieu d'être seulement posé par lui, et l'être advient au lieu d'être seulement posé par l'homme. C'est au cœur de l'*Ereignis*, de ce « domaine plein de l'agitation interne à travers lequel l'homme et l'être s'atteignent l'un l'autre dans leur essence », qu'il est possible de trouver ce qui est, pour Heidegger, le λόγος comme véritable fondement de la vérité de l'être. « Penser l'*Ereignis* comme *Er-eignis*, c'est bâtir selon les jointures de ce domaine plein d'agitation. Les matériaux de cette construction, qui ne repose que sur elle-même, la pensée les reçoit du langage. » L'identité vient proprement au jour dans l'œuvre du langage qui est, pour Heidegger, le λόγος comme fondement de l'être.

Dans les lectures heideggériennes d'Héraclite, la question de l'homme comme lieu de la question du sens de l'être est plutôt présupposée qu'explicitement élaborée. Il n'y parle ni du *Dasein* ni d'un Créateur. Cependant, il examine les Mortels quant à leur disposition face au λόγος du *tout*. Cette disposition est une sagesse (τὸ σοφὸν) plus originaire que toute division en savoir et faire ; Heidegger l'explicite comme une existence « bien disposée » (*geschicklich*)[1]. Cette sagesse consiste en obéissance au λόγος du tout, qui se montre alors comme τὸ σοφὸν (*das Geschichkliche*, « bonne disposition »). Lorsque Heidegger dit que la « sagesse » consiste à écouter la diction du λόγος devenu Loi, il décrit le rapport des Mortels au λόγος presque comme si le λόγος leur apparaissait depuis la position de l'impératif catégorique. Seulement, il ne s'agit pas ici d'une éthique entre les Mortels, mais plutôt d'une éthique de la théorie. La « sagesse » dit quelle est la place de l'homme dans sa correspondance ou dans son « dialogue » (ὁμολογειν) avec le sens de l'être : il ne peut que s'y conformer.

La « sagesse » comme disposition à l'égard de l'être enjoint aux Mortels d'ériger une construction dans laquelle

1 VA, p. 209-210 / 263-264.

le λόγος divin se communique aux hommes. Ailleurs, Heidegger a analysé cette construction en tant que parole (poétique ou pensante), en tant qu'œuvre d'art, voire en tant qu'une chose supposément simple (cruche). Dans ses lectures d'Héraclite, le ton héroïque disparaît et la réflexion recule vers les conditions les plus élémentaires d'une telle construction : le *faire* (*tun*) le plus originaire des Mortels[1]. Cette construction des Mortels provient d'un recueillir et d'un rassembler – sens originaire du λόγος comme λέγειν. Le λόγος ainsi rassemblé est alors un « abri ». Certes, cet abri maintient ensemble les éléments du monde que le πόλεμος tend à faire éclater. Mais il est également le ὑποκειμενον, le seul ὑποκειμενον que connaisse la pensée heideggérienne, qui généralement tend à écarter toute lecture substantialiste du sujet humain ou de l'être pris comme objet. Chez Heidegger, seul le λόγος comme abri, comme « ce qui laisse être étendu ensemble devant », est un ὑποκειμενον. Analogiquement, nous verrons que le λόγος comme parole de la présentation spéculative est également le véritable ὑποκειμενον du système hégélien.

Je tiens encore à remarquer que le λόγος comme abri est, pour Heidegger, une chose sacrée, en ce qu'il ouvre le jeu de la présence et de l'absence des puissances qui y règnent. Dans la mesure où l'exposition heideggérienne de la pensée d'Héraclite se constitue comme une mise à l'écart systématique de l'interprétation hégélienne du λόγος, il convient de souligner que même la détermination de l'« abri » se fait par rapport à un motif dionysiaco-chrétien important pour Hegel, à savoir le pain et le vin, les dons emblématiques des cultes de Dionysos et de Cérès ainsi que du Christ. Dans sa présentation du sens originaire du λέγειν, Heidegger le rapproche de la récolte du blé et des vendanges[2]. Ce ne sont

---

1 VA, p. 202-203 / 253-255.

2 VA, p. 201 / 252 ; GA 55, p. 267, 287.

pas des activités agricoles parmi d'autres, mais des opérations consistant à produire la chose sacrée par excellence : ce qui ne nourrit pas seulement le corps mais rassemble la communauté des Mortels devant ses dieux. Que la communauté se rassemble autour d'un tel faire est un rappel des scènes sacrificielles dionysiaque et chrétienne qui structurent aussi la pensée hégélienne[1]. Mais tout en s'inscrivant ainsi discrètement aux abords d'une problématique hégélienne, Heidegger s'en démarque aussitôt. Non pas parce que le λόγος comme abri ne pourrait jamais être du pain et du vin[2], mais parce que ceux-ci, comme n'importe quelle chose sacrée chez Heidegger, ne proviennent pas d'un travail ni ne sont destinés à la consommation. Leur récolte ne réalise pas une puissance humaine sur les choses mais est une disposition sage à l'égard des puissances du monde. Ils ne viennent pas au jour pour être consommés mais pour demeurer, signes d'une alliance dans la dissension.

Par rapport au sens originaire du λόγος que Heidegger pense trouver chez Héraclite, le λόγος hégélien serait donc ou bien trop peu humain (car parole de Dieu), ou bien trop humain (résultat du travail humain). Ce serait alors afin de se démarquer de ces acceptions du λόγος que Heidegger décrirait le λόγος comme signe d'un saut vertigineux entre l'humain et l'être, signe de leur séparation à même leur correspondance.

---

1 Par ailleurs, dans *Heraklit*, Heidegger définit le « rassembler » explicitement par rapport au verbe *Aufheben*, central pour Hegel : « Lesen [λέγειν] ist zugleich Aufheben im Sinne des Aufnehmens von Boden und Aufheben im Sinne des Aufbewahrens » (*op. cit.*, p. 267).

2 Alors que l'offrande sacrificielle la plus « heideggérienne » est sans doute l'eau nommée dans « La Chose » (VA, p. 164-166), le pain et le vin réapparaissent de temps en temps, par exemple dans « La parole » (UzS, p. 28).

5. Une autre origine de la pensée

Par cette lecture des traductions heideggériennes de trois paroles d'Héraclite – φύσις κρύπτεσθαι φιλεῖ, πόλεμος et λόγος – j'ai voulu montrer combien une objection implicite de Heidegger à la pensée hégélienne est constitutive du cœur même de sa pensée. *Par définition*, la φύσις n'est pas l'effectivité, le πόλεμος refuse l'*Aufhebung* et le λόγος n'est pas le concept. Après cette approche archéologique, je me tourne vers Hegel et d'abord, vers ce que Heidegger dit explicitement de sa pensée.

Deuxième partie

SUR LA GRANDEUR SANS PENSÉE DE HEGEL

1. Heidegger et l'« être de Hegel »

Heidegger n'a pas fait d'étude exhaustive de ce qu'il aurait pu appeler la doctrine hégélienne de l'être. Il discerne la position métaphysique de Hegel dans de nombreux textes mais, pour la plupart, ses caractérisations sont d'ordre général ou relèvent d'analyses inachevées. Il n'a analysé en détail que le début de la *Phénoménologie de l'esprit*[1], tandis que ses remarques concernant la position hégélienne quant à la question du sens de l'être portent en général sur la *Science de la Logique* — et nous ne disposons que d'ébauches de l'analyse heideggérienne de cette œuvre[2]. En

1 Un article : Heidegger, « Hegels Begriff der Erfahrung » (*Holzwege*) / « Hegel et son concept de l'expérience » (*Chemins qui ne mènent nulle part*). Deux cours : *Hegels Phänomenologie des Geistes / La « Phénoménologie de l'esprit de Hegel »* (1930-1931) (GA 32) et « Erläuterug der "Einleitung" zu Hegels "Phänomenologie des Geistes" » / « Éclaircissement de l'Introduction à la Phénoménologie de l'esprit de Hegel » (1942), dans *Hegel*, GA 68. On attend la parution de *Über Idealismus und Realismus im Anschluß an die Hauptvorlesungen (Hegels «Vorrede» zur Phänomenologie des Geistes)* (1929) (GA 86), de *Hegel, Phänomenologie des Geistes* (trois séminaires sous le même titre, 1934-1935, 1935, 1935-1936) (GA 86), de *Hegel, Phänomenologie des Geistes und Aristoteles, Metaphysik IX, 10 und VI, 4* (1942) (GA 86), de *Hegel, Phänomenologie des Geistes, Abschn. Selbstbewusstsein* (1943) (GA 86)

2 Nous disposions jusqu'à maintenant de quelques remarques dans les notes de cours parus sous le nom de *Die deutsche Idealismus,* GA 28, et les notes pour le cours « Die Negativität » / « La Négativité », paru dans *Hegel,* GA 68. La conférence de 1930 « Hegel und das Problem der Metaphysik » / « Hegel et le problème de la métaphysique » (édition bilingue dans *La fête de la pensée, hommage à François Fédier*, éd. B. Stevens et P. Vandevelde) porte sur la logicité de la métaphysique hégélienne mais n'analyse pas la *Logique* en détail. Le cours de 1933 intitulé « Die Grundfrage der Philosophie », GA 36/37, est lamentable également en tant qu'interprétation de Hegel : sa *Logique* y est quasiment rabattue sur Wolff et Baumgarten (p. 49-50) et son exposition se réduit à

outre, ses caractérisations semblent fluctuer : tantôt Hegel incarne le pire recouvrement de l'être à l'époque de la représentation, tantôt il s'élève à une grandeur inégalée et fait signe vers une véritable pensée de l'être.

Cette dispersion des interprétations de Heidegger portant sur la question de l'être chez Hegel ne signifie cependant pas que sa thèse sur Hegel serait incertaine : Heidegger maintient toujours qu'il est impossible d'accéder avec Hegel à la pensée de l'être, parce que celui-ci définit l'être comme l'immédiat indéterminé. Heidegger est certain que sa thèse sur Hegel est juste — mais au fur et à mesure qu'il pénètre dans les textes de Hegel et qu'il doit avouer sa grande proximité avec celui-ci, contrairement à sa propre thèse, tout se passe comme s'il ne savait plus sur quoi, au juste, porte sa certitude qui, cependant, demeure ferme. Alors, certain de sa différence d'avec Hegel, il dit penser la même chose que lui — mais comme s'il pouvait seulement *dire*, non pas *savoir*, ce que sont cette mêmeté et cette différence.

Dans ce chapitre, afin de donner une idée de la fluctuation de la position heideggérienne par rapport à Hegel, je rassemblerai les principales thèses de Heidegger concernant l'« être » hégélien autour de trois foyers d'interrogation : l'être, la présence et la présentation.

---

quelques remarques. Dans « Colloquium über Dialektik » / « Colloque sur la dialectique » (1952) Heidegger aborde Hegel dans la mesure où celui-ci n'aurait pas bien compris le sens grec de la « dialectique ». « L'identité et la différence » et « La constitution onto-théo-logique de la métaphysique » sont également issus des séminaires sur la logique de Hegel (*Zu Hegels Logik: Die Logik des Wesens* (1955-1956) et *Zu Hegels Logik: Über den Anfang der Wissenschaft* (1956-1957), mais nous ne disposons que de l'article sur la conception heideggérienne de l'identité et de celui qui se concentre plutôt sur la conception de l'histoire chez l'un et l'autre penseur. *Phänomenologische Übungen (Hegel, Logik, I Buch)* (1925-1926) est à paraître dans GA 86) ; il existe également un cours sur *Die Ontologie des Aristoteles und Hegels Logik* (1927).

2. Être

Dans le premier chapitre de la *Logique,* Hegel dit que l'être est « l'immédiat indéterminé ». Dans le § 1 d'*Être et temps*, Heidegger cite la proposition de Hegel comme sommet de l'histoire qui a transformé l'être en concept le plus vide et le plus universel, indéfinissable et allant de soi. C'est *contre* la proposition hégélienne de l'être que, dans le § 2 d'*Être et temps*, Heidegger veut poser la question du sens de l'être.

Dans des textes ultérieurs, dont « Hegel et son concept de l'expérience », Heidegger convient cependant qu'il n'est pas possible de s'opposer à l'essentiel du système absolu en évoquant la première détermination du premier moment de la première partie dudit système (au lieu du *tout* de son mouvement ou, à défaut, de sa *fin*). Heidegger émet alors une précision essentielle : ce que lui-même appelle « être », Hegel l'appelle « effectivité », et ce que Hegel appelle « être », Heidegger l'appelle « objectivité »[1]. En effet, la γιγαντομαχία περὶ τῆς οὐσίας entre Hegel et Heidegger commence à n'avoir de sens que lorsqu'on confronte la question du sens de l'être avec le concept d'effectivité — bien que son issue ne puisse se décider que face à l'esprit absolu.

Dans son dernier dialogue avec Hegel, Heidegger maintient finalement et son point de départ et la nécessité d'étendre la recherche à travers toute la *Logique*, dans laquelle l'être est successivement être, essence et concept : « Seule l'idée absolue est *être*, *vie* impérissable, *vérité qui se connaît elle-même*, seule elle est *toute vérité* »[2].

Une troisième position, implicite, s'ajoute à ces prises de position explicites de Heidegger vis-à-vis de l'être hégélien.

---

1 *Gegenständlichkeit*. « Hegel et son concept de l'expérience », HW, p. 150 / 190 ; GA 68, p. 10.
2 ID p. 32-33 / 278-279.

Elle se fait voir surtout dans la lecture heideggérienne d'Héraclite, qui se déroule comme un combat sur l'héritage d'Héraclite et projette une critique voilée de la *Logique* hégélienne. Loin d'être un simple rappel historique, cette critique est partie intégrante de l'interprétation heideggérienne : *par définition*, la φύσις comme *Aufgehung n'est pas Entstehung*, qui est le nom hégélien pour parler de la nature, de la puissance et de la vie. Heidegger fixe le sens de ses paroles pensantes en les démarquant de leur compréhension hégélienne sans pour autant toujours désigner Hegel directement[1]. Afin de comprendre l'être comme φύσις nous devons comprendre la pensée hégélienne de la nature, de la puissance et de la vie — en tant que ce que la φύσις n'est pas.

Or, c'est une exigence redoutable, non parce que la pensée hégélienne est difficile mais parce que Heidegger n'explique jamais comment, au juste, il comprend la pensée hégélienne de la nature, de la puissance et de la vie. Ses grandes lectures de la pensée hégélienne portent sur son caractère représentatif et non pas sur la *dynamique* particulière de sa transcendance. À deux occasions seulement, de manière significative mais passagère, Heidegger esquisse un point de vue dynamique sur l'être hégélien en l'interprétant comme effectivité dans un rapport à Aristote. Premièrement, Heidegger réfère la conception hégélienne du temps à la *Physique* d'Aristote dans le célèbre § 82 d'*Être et temps*, dans lequel il réduit le dynamisme du temps hégélien quasiment à son contraire, à la suite des maintenants[2]. Deuxièmement,

1 Il lui arrive, par exemple dans « Aléthèia », de se référer à Nietzsche, alors que la critique s'adresse tout autant à Hegel. Un geste semblable se produit également dans ses lectures de Hölderlin où Heidegger définit implicitement le « souvenir », *Andenken*, *contre* la pensée hégélienne de l'*Erinnerung* (voir p. ex. EHD, p. 90).

2 Dans le § 82 d'*Être et temps,* Heidegger présente sa réduction de la temporalité hégélienne au temps naturel articulé selon la *Physique* d'Aristote.

dans un passage à la fin de *La « Phénoménologie de l'esprit » de Hegel,* il réfère la conception hégélienne de l'être à la *vie* définie par Aristote dans *De l'âme.* Selon Aristote, la vie est « la nutrition, l'accroissement et le dépérissement par soi-même », à savoir ce qui « s'engendre à partir de soi » et « dans son mouvement, se tient en soi ». En incorporant

---

La lecture heideggérienne est fausse – ne serait-ce que parce qu'elle fonde la temporalité hégélienne sur la positivité de l'ici-maintenant (le temps serait la suite des maintenants) (SZ, p. 430), alors que, déjà dans sa *Philosophie de la nature,* Hegel définit le maintenant comme pure *négativité* (« point jaillissant, plus riche que le feu, âme mouvement ») qui opère les trois dimensions du temps en tant que « processus des choses effectives elles-mêmes » : « les choses elles-mêmes sont ce qui est temporel ». (*Manuscrits d'Iéna sur le temps,* publiés dans les *Gesammelte Werke* 4, T 7, p. 194-197 et T. 8, p. 10-14, traduits et commentés par C. Bouton dans *Philosophie,* n° 49.) Je n'ai plus besoin de prouver l'infondé de la lecture heideggérienne du temps selon Hegel, car elle a souvent été commentée : comme le dit C. Malabou, Heidegger prouve la « vulgarité » de la conception hégélienne du temps par une lecture elle-même vulgaire (C. Malabou, *Avenir de Hegel,* p. 178). Voir p. ex. J. Derrida, « Ousia et Grammé » (*Marges de la philosophie*) ; D. Souche-Dagues, « Une exégèse heideggérienne : le temps chez Hegel d'après le § 82 de *Sein und Zeit* » (*Revue de Métaphysique et de Morale,* janvier-mars 1979) ; C. Bouton, « La conception hégélienne du temps à Iéna » (*Philosophie,* n° 49) ; O. D. Brauer, *Dialektik der Zeit,* p. 135-154 ; S. Majetschak, *Die Logik des Absoluten,* p. 266-275 ; Dennis J. Schmidt, *The Ubiquity of the Finite,* p. 24-62 ; K. de Boer, *Thinking in the Light of Time,* p. 255-265.

Dans *La phénoménologie de l'esprit de Hegel,* Heidegger se réfère à une phrase de Hegel attribuant à « l'essence simple du temps » la « figure de l'espace » : ce temps définit le mouvement dans le système solaire appartenant à la philosophie de la nature (GA 32, p. 208). Le mouvement planétaire n'est cependant nullement le paradigme de la temporalité hégélienne, pas même dans la *Philosophie de la nature* qui commence par la négativité ignescente du point abstrait ; montre progressivement comment le temps est la processualité des choses mêmes ; et aboutit à la temporalité libre de l'animal (ENZ II, § 351). La question se complique encore lorsqu'on prend en compte la temporalité de l'esprit – « le temps qui est le concept lui-même » (PDG, p. 584 / 518-519) – qui n'est pas annulé (*getilgt*) aussi facilement que ne le prétend Heidegger (*Cf.* SZ, § 82, p. 434 ; ID, 33-34).

cette définition à sa pensée, Hegel entendrait l'être comme vie en tant qu'une « stabilité autonome qui se tient en soi »[1]. Selon Heidegger, les conceptions hégéliennes du temps, comme point, et de l'être, comme vie, relèvent donc de la philosophie aristotélicienne de la nature. Elles se distinguent de la φύσις héraclitéenne précisément par leur naturalité, qui n'appartient pas au monde héraclitéen entendu comme dimension de la rencontre des mortels et des immortels.

Tout en appréciant ce regard dirigé sur l'aristotélisme de Hegel, on peut regretter que Heidegger n'ait pas étendu à Hegel la générosité qu'il accorde ailleurs à Aristote. Heidegger résume son interprétation du rôle d'Aristote dans l'histoire de l'être par exemple dans « *La métaphysique en tant qu'histoire de l'Être* », paru dans *Nietzsche II*. Il y montre comment Aristote, bien que déjà éloigné de la pensée la plus matinale de la φύσις, lui demeure cependant plus proche dans sa pensée de l'être comme ἐνέργεια que Platon dans sa pensée de l'être selon l'ἰδέα (εἶδος).[2] En pensant l'être depuis l'ἐνέργεια, Aristote pense à la fois les êtres singuliers eux-mêmes et leurs genres, mais toujours en sorte que l'εἶδος ne préexiste pas à la chose (comme son modèle ou prototype) mais surgisse du mouvement de la chose comme son apparaître (*Aussehen*) depuis lui-même[3]. La grandeur originale de Hegel tiendrait à l'écho de cette conception de l'ἐνέργεια dans sa pensée. Seulement, chez Hegel ἐνέργεια serait transformée en *actualité* (*Wirklichkeit*), qui serait nécessairement pensée à l'époque moderne d'abord comme *fabrication* (par dieu ou par l'homme) et ensuite comme *causalité* (de la *causa sui* devenue pure rationalité). Dès

---

1 GA 32, p. 206-207.

2 *Nietzsche II*, 409, 473.

3 Voir également l'essai remarquable « Vom Wesen und Begriff der φύσις. Aristoteles, Physik B 1 » (WM) / « Ce qui fait l'être-essentiel d'un fondement ou 'raison' » (Q I-II) et GA 33, *Aristoteles, Metaphysik 1-3. Vom Wesen und Wirklichkeit der Kraft. Aristote, Métaphysique 1-3*.

lors, les choses ne pourront plus apparaître depuis elles-mêmes mais uniquement en fonction des fins posées par cette instance subjective.

Cette interprétation de l'aristotélisme affaibli de Hegel doit être contestée de plusieurs façons. D'un côté, je voudrais montrer par la suite que la pensée hégélienne ne se réduit pas à l'organisation des idées accomplies mais déploie au contraire un effort extraordinaire pour penser l'ἐνέργεια qui les engendre – la négativité au cœur des choses, la formation même des formes (alors que selon Heidegger, Aristote aurait visé les « aspects » des choses ayant atteint leurs limites et fins (πέρας, τέλος) et étant ainsi parvenues au repos en tant qu'œuvres (ἔργον), Hegel penserait ainsi la production des œuvres comme l'émergence de leurs limites et de leurs fins depuis une inquiétude primordiale). Cette énergie productrice déchirée par la négativité ne coïncide pas avec la φύσις heideggérienne, mais elle l'inquiète, car elle lui est bien plus proche que la rationalité onto-théo-logique sur laquelle Heidegger voulait rabattre la pensée hégélienne. D'un autre côté, Heidegger n'a nullement tort de référer la pensée hégélienne à la philosophie aristotélicienne de la nature, mais il me semble qu'il sous-estime et la radicalité de sa relecture par Hegel et la portée de la question de la nature. La contribution la plus essentielle de Hegel à la pensée aristotélicienne du temps ne se trouve pas dans les notions abstraites du point et du maintenant, mais dans l'interprétation de la ψυχὴ en fonction de l'idée de la temporalité du sujet. De toute façon, la contribution la plus essentielle de Hegel à la pensée du temps est son invention de la philosophie de l'histoire : cela ne signifie pas une simple transposition du temps linéaire naturel à une échelle plus grande. De même, on ne peut pas chercher l'apport le plus novateur de Hegel à la pensée aristotélicienne du vivant en renvoyant, comme le fait toujours Heidegger, à la *Physique* d'Aristote et à son idée du mouvement et du premier moteur se maintenant en soi-même. Au contraire, il faut voir ce qui se produit lorsque Hegel transforme la ψυχὴ en esprit, *Geist*, qui ne *se* maintient pas sans se perdre dans ce qui lui est *autre*, et qui, au lieu de se *maintenir* tel qu'il est déjà, cherche à engendrer librement sa liberté.

Heidegger fait voir des choses que lui-même n'a pas nécessairement vues. Alors que l'esprit absolu est le sujet véritable de la pensée hégélienne, Heidegger semble le voir comme étant, en réalité, une sorte d'immense *animal rationale, animal universalis*. Corrélativement, le système hégélien, étant la présentation de la vie de l'esprit, est un discours bien organisé ayant tête et queue mais, pour Heidegger, ce ne sont que tête et queue animales. En tant que discours animal, il est trop naturel pour parler de l'existence. Est-ce que la « grandeur » de Hegel, toujours évoquée mais jamais expliquée par Heidegger, pourrait tenir à ceci qu'au lieu d'étudier l'*animal rationale* simplement du point de vue de l'attribut *rationale,* Hegel réussisse à tourner le regard aussi sur l'*animal* lui-même en demandant ce qui fait l'animalité de l'*animal* comme tel[1] ? Je réserve la question de savoir

---

1 Selon Heidegger, la science de l'*animal rationale*, notamment l'anthropologie, est dangereuse parce qu'elle *répond* à la question de l'homme (entendu comme *animal*) par une *définition* (*rationale*) et ferme ainsi l'essence de l'homme. (*Cf.* p. ex. HW, p. 109 / 145.) Dans le § 3 de *Der deutsche Idealismus*, Heidegger se demande s'il est possible de s'approcher de l'idéalisme allemand par le biais d'un questionnement « anthropologique » mais répond négativement. Selon lui, la question anthropologique prend son sens dans la question kantienne « qu'est-ce que l'homme ? » – qui sera obscurcie dans l'idéalisme allemand. Je crois que l'intuition heideggérienne selon laquelle l'essence de l'idéalisme allemand se trouve dans les sciences de la vie est juste, mais qu'il se ferme l'accès à ce qui, dans cette pensée, est le plus novateur, parce qu'il confond la question de la vie avec celle de l'existence humaine : pour Heidegger, la seule « vie » philosophiquement intéressante est celle de l'humain et, de surcroît, seulement en tant que l'humain n'est pas compris comme un vivant. Il en est autrement chez Hegel : sa « vie » ne

si cette « animalité » de l'absolu, ou mieux, sa nature vivante, ne signale pas, au lieu de l'échec d'une pensée de l'être humain comme le pense Heidegger, une ouverture sur le monde que Heidegger, trop centré sur la question de l'homme, ne peut imaginer ?

3. Présence

Pour Heidegger, selon l'expression française désormais courante, Hegel appartient à la *métaphysique de la présence*. Il faut donc étudier l'apparaître de l'être chez Hegel selon le syntagme de l'*Anwesenheit* – mais *die Anwesenheit*, la « présence », est un terme ambigu et strictement intraduisible, dont l'ambiguïté se répercute dans plusieurs registres.

Dans un premier registre, l'*Anwesenheit* renvoie à la compréhension grecque de l'être de l'étant. Cette compréhension est double, car « ὄν nennt sowohl das Anwesende als auch das Anwesen »[1] : l'être est l'étant et son être, le présent et sa présence. Or, selon « Hegel et les Grecs », Hegel n'a pas pu avoir cette expérience de l'être[2]. Selon Heidegger, au lieu de laisser paraître l'être, Hegel le *pose* depuis le sujet comme l'immédiat indéterminé, c'est-à-dire comme ce qui n'est pas encore déterminé ni compris mais qui le sera inévitablement : l'essence de l'être est une *détermination* et un *concept*. Hegel ne peut pas laisser venir l'être à sa propre essence (à l'*Anwesenheit*), car sa position provient d'une

correspond pas à l'existence humaine mais à ce que Heidegger a nommé φύσις. Cela, Heidegger le sait (φύσις = ζωή) et ne le sait pas (la vie est pour lui un concept de la philosophie de la nature ou de l'anthropologie mais non de la pensée de l'être).

1 « Hegel et son concept de l'expérience », HW, p. 172 / 215.

2 WM, p. 435 / Q I-II, p. 369-370.

ἐνέργεια comprise comme *actus* et non pas d'une ἐνέργεια comprise de manière grecque comme œuvre (ἔργον) et comme un « produire-dans-la-présence » (*Her-vor-bringen in das An-wesen*). L'œuvre hégélienne est un produit et non pas la possibilité de l'ouverture d'un monde.

Selon un deuxième registre, déployé en particulier dans « Hegel et son concept de l'expérience », Heidegger convient que l'acte de l'esprit absolu est inséparable d'une certaine œuvre et d'une certaine production-dans-la-présence. Hegel penserait alors selon l'*Anwesenheit* et ferait venir un certain être dans une certaine présence. Seulement, cette *Anwesenheit* n'est plus celle des Grecs — ou bien elle renvoie à une autre forme de l'*Anwesenheit* grecque, à l'apparaître au sens de φαίνεσθαι qui, dès Platon et Aristote, commençait à se cacher derrière l'εἶδος. L'*Anwesenheit* hégélienne serait, elle aussi, double. D'une part, elle décrirait l'étant dans son acception moderne, comme conscience de soi : « tout ceci repose déjà sur l'ontologie à travers laquelle l'ὄν a été déterminé comme l'ὑποκειμενον, celui-ci comme le *subiectum*, et l'être de celui-ci à partir de la subjectité de la conscience ».[1] D'autre part, elle décrirait l'être de cet étant : le sujet peut *anwesen* comme son propre objet lorsqu'il conçoit l'être de l'objet selon la représentation (*Vorstellung*), et il accomplit son essence lorsqu'il « est présent auprès de nous » – *bei-uns-an-west.*[2] L'*Anwesenheit* dans sa forme proprement moderne est cette *Anwesenheit bei uns* que Heidegger appelle « *parousie* ».

« Hegel et son concept de l'expérience » est une lecture stimulante et, à sa manière, généreuse de l'« Introduction » de la *Phénoménologie de l'esprit*. Seulement, comme Heidegger y soumet le texte hégélien à une traduction violente en une conceptualité étrangère à Hegel, il est difficile de

1 « Hegel et son concept de l'expérience », HW, p. 171 / 214.
2 « Hegel et son concept de l'expérience », HW, p. 127 / 162.

dire en quelle mesure il déploie un concept *hégélien* de l'expérience. Dans le passage mentionné, Heidegger cite bien Hegel qui dit : « L'absolu est dès le départ en et pour soi auprès de nous et veut être auprès de nous ». Seulement, interpréter l'*être*-auprès-de-nous de l'absolu comme sa *présence*-auprès-de-nous et nommer cette présence-auprès-de-nous *parousie* n'est possible qu'à la condition d'interpréter l'être dès le départ comme *présence-à*. Or, comme nous le verrons, Hegel ne s'appuie pas sur un sujet de type cartésien auquel l'absolu pourrait ainsi être présent. Le sujet absolu ne peut pas être un ὑποκειμενον (au sens heideggérien de « ce-qui-se-repose-devant-dans-la-présence »). Corrélativement, l'être n'est pas pour lui présence, ni le penser un représenter. Dans son article, Heidegger traduit Hegel en une métaphysique de la *lumière* permettant la (re)présentation et, donc, la présence (*parousie*) de l'absolu, même si Hegel, quant à lui, a toujours été réticent vis-à-vis des métaphysiques de la lumière[1] : pour lui, le savoir n'apparaît pas essentiellement comme *vision* mais comme *langage*. Il nous semble donc que Heidegger oblitère plusieurs traits fondamentalement importants de la pensée hégélienne.

1 Selon Hegel, la lumière est une image du savoir qui le décrit de manière juste et profonde, mais elle reste une image qu'il faut encore expliquer dans la raison discursive. Ainsi, par exemple, Hegel estime deux penseurs de la lumière et de l'obscurité, Jacob Böhme (W 20, p. 91-92, 94) et Schelling (*ibid.*, p. 444, 448), mais considère que leurs intuitions sublimes manquent de justification véritable. La philosophie est cette justification : « il faut prouver la révélation » (*ibid.* p. 454). Hegel reprend la même argumentation dans la note 2 de l'exposition du concept de l'être dans la *Science de la logique* (WL I, p. 96 / 85). Il fait remarquer qu'on peut se représenter l'être comme pure lumière et le néant comme pure obscurité, mais que ce ne sont *que* des représentations. L'être est une pure abstraction qu'on ne peut pas saisir par des représentations, même par la lumière et l'obscurité, mais uniquement par la conceptualité du savoir pur.

La théorie heideggérienne de l'*Anwesenheit* est foncièrement étrangère à Hegel et semble recouvrir plusieurs questions capitales pour lui. En outre, les questions ainsi oblitérées sont, de toute évidence, parmi celles où Heidegger est le plus proche de Hegel. Car, sachant que le motif de l'*Anwesenheit* selon son sens pensant appartient, chez Heidegger, à une méditation de la *phénoménalité* de l'être et que Heidegger lie la phénoménalité ou le *paraître* de l'être au motif héraclitéen du πόλεμος (la présence est le paraître conflictuel des choses constituant un monde), il est frustrant de constater que Heidegger n'ait jamais élaboré de lecture du passage de la *Science de la logique* où Hegel lui-même associe la problématique de la phénoménalité de l'être à sa conflictualité constitutive. Plus bas, je reviendrai sur la *Logique* hégélienne afin de déceler ce qui, au juste, distingue le πόλεμος de la négativité de la contradiction — car selon les indications de Heidegger, cette distinction *doit* avoir lieu.

4. Présentation

Pour Heidegger comme pour Hegel, l'enjeu de la présentation de l'être est la vérité. La vérité est le rapport de l'humain / du sujet à l'être dans son apparaître, et c'est bien l'humain qui la « met en œuvre », ἔργον. Dans l'entrecroisement de l'œuvre et de l'homme s'ouvre le monde humain, la communauté, et la communauté est concernée par les dieux.

Selon Heidegger, l'*Anwesenheit* au sens proprement grec est solidaire de la notion grecque de la vérité : l'ἀλήθεια. Au contraire, l'*Anwesenheit* comme *parousie* de l'absolu expliquerait la vérité dans son acception moderne :

la certitude[1]. Le geste le plus constant de Heidegger est de s'appuyer sur la vérité grecque afin d'exprimer la vérité comme décèlement contre la vérité comme certitude. Dans ses lectures de Hegel, il interprète le plus souvent Hegel comme représentant de la vérité selon son acception moderne, mais il laisse également entrevoir la possibilité d'une pensée hégélienne de la vérité originaire.

Dans un premier temps, Heidegger rabat donc la vérité hégélienne sur sa théorie des Temps Modernes et comprend l'être-auprès-de-soi de l'esprit absolu uniquement comme certitude de soi de ce qui se représente sans faille à soi-même. Pour Heidegger, la compréhension de la vérité comme certitude du sujet (se) représentant risque toujours de ne produire qu'un *pro-jet*, *Entwurf*, au sens restreint du mot : une configuration déterminant d'avance ce qui peut être compris et comment le compréhensible peut être saisi[2]. Un tel projet risque toujours de n'être qu'une projection ou, pire, un phantasme. En effet, si le sujet hégélien affirme la certitude de ses représentations, son « esprit absolu » peut n'être *que* représentation, *que* pro-jet : l'esprit absolu contient le risque de devenir l'hypostase d'une entité imaginaire ou d'une essence du monde fantastique, « ein phantastisches Weltwesen »[3], et la « phantasmagorie » de la méthode comme âme de l'être[4]. En revanche, le pro-jet au sens plus général appartient à la vérité comprise comme rapport entre l'homme et le monde[5] : il est l'articulation du

1 Par ex. WM p. 433 / Q I-II, p. 366-367.

2 En particulier « L'époque des conceptions du monde », HW, p. 75-76 / 102-103 ; 85-87 / 114-117 ; 92 / 123.

3 « Hegel et les Grecs », WM p. 436 / Q I-II, p. 371.

4 « Hegel et les Grecs », WM p. 426 / Q I-II, p. 357.

5 Dans son acception générale, le pro-jet appartient à la vérité de l'existence comme une structure existentiale du comprendre (SZ, p. 145). D'autre part, le pro-jet n'est pas seulement donné à l'homme mais fondé par lui au sens où il le laisse régner (« Vom Wesen des Grundes », *in* WM, p. 163 / Q I-II, p. 144). *Entwurf* est le trait articulant un monde fini

monde où l'homme a à être. Le pro-jet dans ce sens originaire ne serait pas non plus étranger à Hegel, dans la mesure où la pensée hégélienne est une « ontologie ayant trait au monde » et « pensant la mondialité du monde »[1], à quoi « la force originelle du projet » ne fait pas défaut[2]. Malgré la « grandeur non encore comprise » du système hégélien, il demeure cependant *système* qui, sans être une simple projection, reste essentiellement une « image du monde » ou une « conception du monde (*Weltbild*). Par conséquent, il ne parvient pas à percer l'essence véritable du pro-jet comme articulation d'un monde historique. Un système ne peut pas s'ouvrir à l'interrogation de la vérité de l'existence finie car cela demeure une onto-théo-logie de la *causa sui*[3] présentée dans un système conçu comme image du monde.

Le rapport entre le pro-jet originaire de Heidegger et le pro-jet grand mais insuffisant de Hegel demeurant difficile à saisir, je peux l'éclaircir en renvoyant à une des conséquences d'un pro-jet : la place qu'un pro-jet accorde au divin. En un sens, pour Heidegger, et la grandeur cachée et la faillite du système hégélien tiennent à ce que cette philosophie est essentiellement une *théologie*[4]. Le système peut

---

historial : sa *transcendance* – qui n'est pas posée par l'homme mais lui est destinée ou « envoyée ».

1 « Hegel et son concept de l'expérience », HW, p. 198 / 245, traductions adaptées à la phrase.

2 « L'époque des “conceptions du monde” », HW, p. 99 / 132.

3 ID, p. 51 / 294.

4 Pour Heidegger, la pensée hégélienne est essentiellement théologique : il lit la *Phénoménologie* sur le modèle christique et la *Logique* comme la « théologie de l'absoluité de l'absolu avant la Création » (« Hegel et son concept de l'expérience », HW, p. 198 / 245, SW, p. 76). « La constitution onto-théo-logique de la métaphysique » étudie la *Science de la logique* sous le terme d'onto-théo-logie, et « Hegel et son concept de l'expérience » est entièrement construit autour des termes théologiques de *parousia* (présence du dieu) et d'*Absolution* (rémission des péchés). Il interprète l'*Aufhebung* logique sous le titre d'*Austrag*, traduite par « conciliation », et l'*Aufhebung* phénoménologique sous le titre

être interprété comme une ἔργον (œuvre) véritable — mais il est alors l'ἔργον du Dieu lui-même. Elle n'est nullement une fantasmagorie mais l'ouverture essentielle d'une vérité. Seul Dieu, et non l'homme produisant des fantasmagories, est son sujet. Si la vérité hégélienne est celle de la certitude de la représentation, seul Dieu est capable de se représenter sans faille à lui-même et d'atteindre ainsi une certitude de soi parfaite. Ainsi, le système est une image du Dieu en et pour lui-même, et sa vérité n'est autre que celle du Dieu se réfléchissant lui-même. Mais la perfection même de cette image cause sa faillite. Face à cette image, Heidegger ne peut que se demander si nous avons encore *besoin* d'une pareille métaphysique. En se demandant « comment Dieu entre-t-il dans la philosophie ? »[1], Heidegger ne fait pas une

---

de l'*absolution* : il s'agit donc de la réconciliation du Dieu avec lui-même ou avec les hommes. Dans « Hegel et son concept de l'expérience », « La parousie de l'absolu advient comme phénoménologie » (HW, p. 200 / 247) et l'absolu atteint sa parousie dans le « vendredi saint dialectique-spéculatif » (HW, p. 198 / 145) — à la fin de la *Phénoménologie,* au moment du « calvaire de l'esprit absolu » quand, selon Heidegger, la conscience meurt et l'absolu lui-même meurt.

Il est vrai que Hegel se déclare un fidèle luthérien et considère sa philosophie comme une véritable théodicée. Mais je ne suis pas convaincue de la justesse de la compréhension heideggérienne de cette « théodicée ». 1. Peut-être le « se-souvenir » (*Erinnerung*) de l'esprit ne s'identifie-t-il pas si facilement avec la parousie du Dieu, car le premier joue avec une distance, voire une absence de ce dont l'esprit se souvient, tandis que la deuxième décrit une présence pleine sans ombres. La fin de la *Phénoménologie* est peut-être moins une présence pleine de l'idée, qui aurait « pardonné » toutes les formes de l'aliénation de l'esprit, qu'une profonde réflexion (l'*Erinnerung*) de sa propre aliénation. 2. Peut-être la *Logique* est-elle moins une théologie d'*avant* la Création que la logique de l'*acte même* de la Création.

1 « Comment Dieu entre-t-il dans la philosophie ? [... l'être dans la métaphysique] a besoin d'une causation par la Chose la plus originelle, par la Cause primordiale (*Ursache*) entendue comme *Causa sui.* Tel est le nom qui convient à Dieu dans la philosophie. Ce Dieu, l'homme ne peut ni le prier ni lui sacrifier. Il ne peut, devant *Causa sui*, ni tomber à genoux plein de crainte, ni jouer des instruments, chanter et danser. Ainsi

profession de foi d'athéisme ni ne rejette la philosophie de Hegel en pensant que celle-ci serait périmée *parce que* théologique. Pour Heidegger, les dieux peuvent toujours venir dans la philosophie[1], et lorsqu'il analyse l'« abandon des dieux »[2], il le fait toujours dans la perspective de leur venue possible. Il souligne le problème de la venue et du départ des dieux dans la philosophie afin de déployer une dimension de l'historialité de l'être que la pure présence de Dieu supprime ; et examine l'absence de Dieu du point de vue de l'être humain, parce qu'elle n'apparaît et n'existe que pour lui. De ce point de vue, le problème de la théologie hégélienne est l'auto-suffisance de Dieu. Disons-le ainsi brutalement : une théologie de Dieu *en et pour lui-même* n'est-elle pas inutile ? Pire, une théologie oubliant la considération du rapport entre Dieu et l'homme touche-t-elle encore l'essence du divin ? N'est-elle pas *inhumaine* ? En termes plus philosophiques, l'auto-suffisance pourrait s'exprimer ainsi : à quoi sert une transcendance *pure* traduisant le caractère logique du système ?[3] Pire, ne revient-elle pas

---

la pensée sans-dieu (gottlose), qui se sent contrainte d'abandonner le Dieu des philosophes, le Dieu comme *Causa sui*, est peut-être plus près du Dieu divin. Mais ceci veut dire seulement qu'une telle pensée lui est plus ouverte que l'onto-théo-logie ne voudrait le croire. » (ID, p. 64-65 / 306) — Il est invraisemblable que Hegel, qui pose la *Phénoménologie* sous le signe de l'ivresse bacchique et pour qui les effets du spectacle ne furent point inconnus (crainte, chant, jeu) ne connaisse Dieu que comme *Causa sui* : cette interprétation me semble plutôt se rapporter à Spinoza.

1 Dans *Die Beiträge*, les dieux lui semblent au contraire inévitables dans la philosophie. « Mais pourquoi le Dieu ? [...] En quoi consiste la divinité des dieux ? Pourquoi l'être ? Parce que les dieux ? Pourquoi les dieux ? Parce que l'être ? » (GA 65, p. 508.)

2 « Abandon des dieux » traduit ici à la fois la « vacance de Dieu », l'*Entgötterung* propre aux Temps Modernes (« L'époque des "conceptions du monde" », HW, p. 74 / 100) et le « temps de la *détresse* » (*dürftige* Zeit) décrit par Hölderlin (EHD, p. 47 / 60).

3 Selon Heidegger, la pensée hégélienne est théologique parce que

à perdre totalement l'*essence* de la transcendance comme essence de la liberté *humaine* ? Discrètement, Heidegger nous laisse ainsi entendre que le Dieu de Hegel n'est plus le nôtre, et ce serait pourquoi, paradoxalement, sa philosophie semble demeurer pour nous une fatalité sans détresse.

Dans un deuxième temps, Heidegger indique la possibilité de trouver chez Hegel une intuition selon lui plus profonde concernant l'essence de l'œuvre. Cette intuition se trouverait dans *Les leçons sur l'esthétique* — dans « la dernière esthétique, la plus élevée de l'Occident »[1]. Hegel aurait compris le grand art comme « mode suprême dans lequel la vérité se procure existence » depuis un « besoin absolu » ; autrement dit, il aurait très bien compris ce qu'était l'œuvre d'art grecque comme façon dont la vérité se fait être dans un monde historique. Effectivement Hegel, comme à sa suite Heidegger, comprend l'œuvre d'art comme lieu de la vérité – mais contrairement à Heidegger, il pense que l'art avait cette fonction pour les Grecs mais que « l'art est et demeure pour nous quelque chose de passé ». La disparition des dieux grecs a laissé les œuvres d'art à l'abandon, et « notre » Dieu s'est choisi d'autres modes de manifestation.

Si Heidegger conteste « notre » besoin du Dieu de Hegel, il affirme « notre » besoin d'art (et, du coup, notre besoin qu'un dieu ou le divin puisse faire signe dans l'art). Face à ce besoin, la déclaration hégélienne de la mort de l'art est proprement angoissante (bien que « nous » n'ayons pas encore décidé ni pour ni contre cette parole)[2]. La décision dépend précisément de la façon dont « nous » comprenons ce qu'est une *œuvre*. Selon le passage étonnant de « Hegel

---

logique : HPM, p. 32, GA 36/37, p. 70-71. À juste titre, Andreas Großmann met cette thèse en question dans « Augenblick des Geistes », p. 207.

1 *Nietzsche I*, p. 100-101 / 82 ; « L'origine de l'œuvre d'art », HW, p. 65-66 / 90-91.

2 « L'origine de l'œuvre d'art », HW, p. 66-69 / 91-95.

et les Grecs » cité plus haut, Hegel est incapable de comprendre l'ἔργον (comment dire sérieusement que *Hegel* n'a pas eu d'expérience de l'*œuvre* ?). Selon Heidegger cependant, n'est ἔργον que ce qui met en œuvre l'ἀλήθεια présocratique. Cette ἔργον contient bien une ἐνέργεια, mais quand on la comprend comme actualité (*actualitas* de *ens actu*), comme le fait Hegel, on transforme l'œuvre en objet, dont un sujet peut avoir des expériences vécues (*Erlebnis*), et on perd l'essence de l'œuvre d'art. Peu importe ici que l'essence de l'œuvre d'art selon Hegel ne soit pas dans l'auto-expression de l'artiste ni dans l'expérience vécue du public, mais qu'elle soit la présentation sensible de l'idée elle-même. Dans l'œuvre d'art grecque interprétée par Heidegger, l'ἐνέργεια de l'ἔργον est le « repos mouvementé » (*Ruhe* ou *Fülle der Bewegtheit*) d'un « tracé » (*Riß*, πέρας) selon lequel le monde est articulé. Dans l'œuvre d'art, cette ἐνέργεια est « posée » (*Stellen*, *Setzen* : gr. θέσις, lat. *ponere*), autrement dit, elle est « laissée-étendue-devant dans son paraître et dans sa présence » (*Vorliegenlassen in seinem Scheinen und Anwesen*). Autrement dit encore, l'œuvre d'art est la même chose que le λόγος analysé précédemment.

Les lectures « théologique » et « esthétique » de Hegel par Heidegger ont certes un intérêt, mais elles semblent oblitérer une lecture proprement *philosophique* du système hégélien, par exemple le poids de la présentation et de la vérité spéculative ainsi que le problème du mouvement et de l'actualité. J'indique trois objections possibles :

1. Hegel est le penseur même de la présentation (*Darstellung*). *Jamais* Hegel n'a accepté la représentation, *die Vorstellung*, comme élément de la philosophie[1], ce qui n'empêche pas Heidegger de décrire la pensée hégélienne constamment comme celle de la *représentation* (*Vorstellung*).

---

1 Voir p. ex. ENZ I, § 3.

Les critiques heideggériennes font abstraction de toute la réflexion hégélienne sur la présentation philosophique qui, pour Hegel, dépasse la méditation théologique et esthétique, car ces deux sphères de la pensée sont incapables d'atteindre la véritable certitude de la vérité et de la certitude[1]. Dans « Hegel et son concept de l'expérience », Heidegger a sans doute compris quelque chose d'essentiel de la plasticité de la *Darstellung* hégélienne — mais, étudiant l'œuvre de l'esprit en termes de ce qu'elle donne à *voir*, il rature le fait que Hegel écrit pour donner à *penser*[2].

2. Je ne pense pas qu'on puisse saisir la radicalité de l'entreprise hégélienne si on étudie l'être-auprès-de-soi de l'absolu en termes de présence à soi-même en vue de l'établissement d'une certitude de soi. Il n'est pas évident qu'on puisse parler de *présence* à soi dans le contexte où ce qui est présent est un signe dont l'essence est le souvenir (*Erinnerung*). Il n'est pas évident non plus que la certitude de l'absolu soit celle d'une simple auto(-)position, car l'absolu ne peut atteindre sa vérité qu'en se trouvant auprès de soi dans un autre. Plus tard, nous essayerons de montrer pourquoi la vérité selon Hegel doit se dire en termes de communauté, voire de pluralité.

3. Hegel connaît très bien l'idée de l'« énergie de l'œuvre » comme « repos mouvementé » : la présentation spéculative présente précisément une inquiétude et un repos[3].

---

1 Voir p. ex. PDG, p. 575.

2 On connaît depuis longtemps le caractère central de la présentation et surtout de la langue pour la pensée hégélienne. Voir par ex. Henri Lauener, *Die Sprache in der Philosophie Hegels* ; Manfred Züfle, *Prosa der Welt. Die Sprache Hegels* ; Werner Marx, *Absolute Reflexion und Sprache* ; Jean Hyppolite, « Structure du langage philosophique d'après la "Préface de la Phénoménologie de l'esprit"de Hegel » et *Logique et existence* ; Jean-Luc Nancy, *La remarque spéculative (un bon mot de Hegel*).

3 On connaît en particulier la *Phénoménologie de l'esprit* comme « vertige bacchique » et « repos transparent » (PDG, p. 46 / 57). La

Il n'est pas du tout évident que ce « repos mouvementé » tienne au caractère « logique » de sa pensée et non pas à une certaine « limite », πέρας, nommée négativité. La présentation étant le seul être-là (*Dasein*) de l'esprit absolu, elle — l'élément du λόγος et non pas un « sujet » subsistant en soi — est le seul ὑποκειμενον que connaisse la pensée hégélienne — tout comme le λόγος est le seul ὑποκειμενον de Heidegger, comme nous venons de le voir. Si Hegel comprend l'« énergie » de la pensée le plus essentiellement comme actualité, c'est parce que pour lui, toute présentation, comme tout événement en général, provient d'une action. Il reste à voir comment, au juste, Heidegger distingue le « laisser advenir » de l'œuvre et l'action hégéliennes, sachant que, selon *Heidegger*, on ne peut pas « laisser advenir » l'œuvre « passivement » mais en « œuvrant » et en « voulant »[1].

Selon Heidegger, la conception hégélienne de la présentation de la vérité laisse donc entrevoir quelque chose de « grand » mais échoue cependant à deux reprises : une fois, parce que Hegel propose une présentation « logique » de Dieu comme *causa sui* et, une deuxième fois, parce qu'au lieu d'étudier les conséquences de sa compréhension de l'œuvre d'art grecque, il la relègue dans le passé. En plus de ces prises de position explicites, Heidegger a encore une troisième position, implicite, vis-à-vis de la conception hégélienne de la présentation : son explication du λόγος comme ce qui, *par définition*, *n'est pas* la logique dialectique.

---

présentation spéculative manifeste certes une « nécessité logique ». Celle-ci n'est cependant pas une logique de l'entendement mais manifeste plutôt l'inquiétude d'un « rythme organique » (PDG, p. 55 / 65) ou d'un rythme musical ou poétique (PDG, p. 59 / 69). L'inquiétude et la mobilité de la transcendance hégélienne ont été étudiées en particulier par Jean-Luc Nancy dans *Hegel* et Catherine Malabou dans *Avenir de Hegel*.

1 « L'origine de l'œuvre d'art », HW, p. 69 / 95.

Nous avons déjà suivi cette explication dans les lectures heideggériennes d'Héraclite. Selon Heidegger, le λόγος est ce qui rassemble dans la présence et, par là, montre l'étant dans son être. Si ce λόγος maintient les rapports entre ceux qui sont présents c'est que ces rapports n'ont pas lieu entre termes qu'on pourrait *lier* les uns aux autres et, en particulier, ne sont pas une *opposition* de termes qu'on pourrait *saisir* ensemble. Autrement dit, le λόγος n'est pas comme la *Satz* de la logique hégélienne — la logique dont un des gestes principaux est la saisie des contraires par un concept. Le λόγος n'est pas dialectique, il est διαφερόμενον. La traduction heideggérienne du διαφερόμενον, *Austrag*, veut dire « solution » et « arrangement » en sorte que, *par définition*, le διαφερόμενον *n'est pas* la « réconciliation » dialectique produite dans le mouvement d'*Aufhebung* (« relève ») ni le système qui est la présentation de ce mouvement. Il faut entendre l'*Austrag* dans le sens d'*austragen*, porter hors… et vers…, dont la traduction française par « trans-port » rend assez bien le sens. Le διαφερόμενον est le mouvement d'espacement entre ceux qui sont : il montre que l'être *est austragend, trans-portant, s'espaçant* — ce que la dialectique ne serait donc pas. Et pourtant, dans « Hegel et son concept de l'expérience », Heidegger lui-même laisse entendre que la dialectique est justement le « trans-port » et l'« espacement » entre des termes qui ne se déterminent que depuis ces mouvements[1]. Heidegger

1 Dans « Hegel et son concept de l'expérience », Heidegger explique l'essence de la dialectique depuis les mots grecs διαλέγειν et διαλέγεσθαι. Le δια veut dire *entre* (*Zwischen*) ; λέγειν est la *parole des assignations, sprechen der Ansprüche* ; et le « recueil qui traverse tout διαλέγειν est un se-recueillir, διαλέγεσθαι ». (HW, p. 179 / 223.) L'expérience de la conscience est précisément l'ouverture de l'« entre » comme « région » à travers laquelle (δια) la conscience recueille et bâtit sa vérité depuis son histoire (HW, p. 188 / 234). Le *dia* de la dialectique *ouvre* l'*entre* et l'*à travers* — l'*espacement* et le *trans-port* (*Aus-trag*). Dans la dialectique, cet espacement est rassemblé et recueilli de sorte qu'une

suggère cette interprétation également dans « La constitution onto-théo-logique de la métaphysique », car il y utilise le mot *Austrag* pour désigner précisément la « conciliation » dialectique.

Cela dit, Heidegger ne s'est jamais confronté avec le λόγος de la présentation dialectique. Il se contente de dire que la pensée hégélienne se présente en tant que système, et de comprendre celui-ci comme une « image » du monde,

---

parole vraie et historique puisse émerger. Rien ne distingue le *geste* de la dialectique du geste du λόγος expliqué par Heidegger. Le dialectique (*das Dialektische*) est véritablement le déploiement dans la présence de l'être : « Le dialectique ne se laisse pas expliquer logiquement à partir de la position et de la négation propres au représenter ; il ne se laisse pas non plus constater ontiquement comme une activité et une forme de mouvement spéciales à l'intérieur de la conscience réelle. Le dialectique ressortit, en tant que guise de l'apparaître, à l'être, lequel se déploie à partir de la présence. Hegel ne conçoit pas l'expérience dialectiquement : il pense le dialectique à partir de l'essence de l'expérience. » (HW, p. 180 / 224). Et pourtant — la dialectique ou le διαλέγεσθαι n'est nullement la même chose que le διαφερόμενον. La dialectique est un *dialogue* entre le savoir et ce qu'il sait, ou plus essentiellement encore, entre la conscience naturelle et le savoir absolu, autrement dit, elle est un dialogue par et sur un *sujet*. « [L'expérience] est l'étantité de l'étant, lequel — en tant que *subjectum* — se détermine à partir de la subjectité. » (HW, p. 180 / 224). Le διαφερόμενον, par contre, tout en étant aussi un dialogue (par exemple le *Gespräch* de « Hölderlin et l'essence de la poésie »), est l'ex-pli-cation même de l'être et non pas d'un sujet. Le recueil de la traversée d'un espacement s'ouvre dans deux sens complètement différents, une fois depuis le sujet et une autre fois depuis l'être.
Dans « Hegel et son concept de l'expérience », il n'est pas question de l'antagonisme entre le λόγος et la *Satz* mais de l'expérience de la conscience. La *Science de la logique* exigerait une présentation tout à fait différente de la dialectique — ne serait-ce que parce qu'elle ne consiste pas en un dialogue *des* consciences mais en une explication du savoir pur avec lui-même. Or, dès qu'on prête attention au fait que l'« ὑποκειμενον » hégélien n'est pas le sujet mais la présentation dialectique et dès qu'on considère la façon dont le sujet est un produit de la présentation, et non pas l'inverse, l'opposition clairement établie entre le sujet et l'être commence à vaciller. Est-ce qu'elle tient encore lorsqu'on confronte le λόγος avec la *Satz* ?

aussi profonde soit-elle. Cependant, dans la mesure où Hegel ne « voit » pas la vérité ni ne prend le système pour une « image », la critique heideggérienne ne l'atteint guère. Il nous reste donc à évaluer la discursivité spécifique de la dialectique : sa façon de déployer non pas des paroles pensantes saillantes mais un mouvement de pensée : un *rythme* des propositions et une *harmonie* des moments. Ne pourrait-on pas dire, en empruntant un mot de Heidegger, que la dialectique est précisément le « dictamen » (*Gedichtete*) de l'esprit ?

5. Déni de pensée, obligation de lecture

Une curieuse logique de « Hegel ne pense pas… » structure la lecture faite par Heidegger. Selon lui, Hegel ne pense pas l'envoi originaire de l'être dans son historialité, mais accomplit la pensée représentative et onto-théo-logique qui tend à éteindre la pensée. Certes, Heidegger ne présente pas ces affirmations comme des critiques mais comme une mise à l'écart méthodique grâce à laquelle il éclaircit sa propre pensée : *par définition, Heidegger ne pense pas ce que Hegel pense.* Mais le ton est toujours ambigu, comme nous le voyons par exemple dans le cours de 1938-1939 sur la négativité (*Die Negativität*), lorsque Heidegger applique la même logique expressément sur la pensée hégélienne elle-même. Cette fois, Hegel ne penserait ni le rapport entre l'être et le néant[1], ni la négativité[2], ni la subjectivité, ni la pensée[3] ni la différence[4] : « "Négativité" pour Hegel :

1 GA 68, p. 21
2 GA 68, p. 14.
3 *Ibid.*
4 GA 68, p. 27.

la différence ternaire, soustraite à toute question, de la *conscience* immédiate, *conscience* médiate et *conscience* inconditionnée (*Je* représente — quelque chose). [...] Pour Hegel, la *négativité* n'est pas une question [...] elle n'est pas mise en question (fragwürdig) et ne peut pas l'être (fragbar). »[1] En résumé, l'essence de la pensée hégélienne est sa *Fraglosigkeit*[2], son manque de question ou de questionnement.

Proclamer ainsi que Hegel n'a pas interrogé le sens de ses propres maître-mots est finalement outrancier : provocateur, sinon absurde. Peut-on sérieusement dire que *Hegel* n'ait pas pensé l'essence de la pensée ? Le réquisitoire de Heidegger a un sens si on comprend le mot « questionner » au sens étroit d'un nom pour la « méthode » de Heidegger, dans sa différence d'avec la « méthode » dialectique de Hegel. Mais l'utilisation heideggérienne des mots *fragen*, *Frage* et *Fraglosigkeit* est trop véhémente pour ne pas vouloir dire fondamentalement : la pensée hégélienne est une pensée sans question, et une pensée sans question, Heidegger nous l'apprend partout, n'est pas une pensée. À l'instar de la science « qui ne pense pas », Hegel, l'auteur de ce qu'il a sciemment nommé la *Science de la logique*, ne pense pas, et son manque de pensée est plus profond et plus grave que le manque de pensée de la science commune.

Comment expliquer le ton véhément de Heidegger ? Il est souvent d'autant plus agressif qu'il est proche de Hegel. Il va jusqu'à attribuer à Hegel des arguments que celui-ci réfute expressément. Ainsi, Hegel *s'oppose* à la conception cartésienne de la subjectivité ; à la représentation comme moyen de pensée ; à l'interprétation de la proposition logique, *Satz*) depuis la copule ; et même à une vision atemporelle de la logique. Tout prête alors à prendre la véhémence de

---

1 GA 68, p. 37.
2 GA 68, p. 38.

Heidegger pour indice d'une rivalité mimétique issue d'une *peur* devant quelqu'un de trop proche et trop semblable : il serait pris dans une rivalité animée d'un désir inavouable de parricide[1]. Mais même si le πόλεμος entre les deux penseurs n'était qu'une ἀγών entre deux rivaux, nous devrions éviter de n'y voir qu'un reflet de la psychologie de Heidegger. Heidegger revendique sa lecture, et y compris son ton scandaleux, dans le dessin d'aggraver le questionnement. L'explication avec un penseur du passé appartient chez lui plus que jamais à la pensée, et c'est pourquoi même quand il semble seulement démolir son adversaire avec des coups bas, ses motivations doivent trouver leur explication historiale et pensante.

Ni un simple compte rendu historique ni une critique, la lecture heideggérienne de Hegel ressemble avant tout à

---

1 Le geste de Heidegger ressemble fort à la « logique du chaudron » décrite d'abord par Freud dans *L'interprétation des rêves*, p. 111, et analysée par J. Derrida dans « La pharmacie de Platon » (*Dissémination*, p. 126). Il s'agit d'une dénégation de dette grâce à une sorte d'hyper-logique ignorant la contradiction en vue de défendre une thèse insoutenable. La dénégation de Heidegger pourrait se résumer ainsi : 1. Je pense la même chose (l'être) que Hegel. Je rends à Hegel l'honneur d'avoir grandement pensé l'être. 2. Mais Hegel ne pense pas (l'être). Je ne lui emprunte des choses que pour les critiquer. 3. D'ailleurs, je ne pense pas du tout la même chose que Hegel, car il ne pense pas (l'être). En fait, je ne lui emprunte rien.
La rivalité mimétique a été puissamment analysée par Ph. Lacoue-Labarthe dans « L'oblitération » et « L'écho du sujet » (*Le sujet de la philosophie*). Dans ces analyses, l'attention est portée sur la façon dont les sujets de la philosophie se constituent par une rivalité mimétique dans laquelle la thèse (sur l'écriture, sur l'être) perd sa fonction médiatrice, conciliatrice et protectrice de sorte que les sujets doivent se rencontrer « tels quels ». Moins la thèse (conciliatrice) intervient dans l'ἀγών, plus elle est angoissante, car la rivalité semble porter directement sur la possibilité de l'existence du sujet. Une rivalité mimétique pourrait s'exprimer schématiquement ainsi : 1. J'imite mon maître, j'apprends ses idées. 2. Je ne l'imite pas, je critique ses idées. 3. Mes idées sont les miennes et non pas les siennes. Je ne ressemble à mon maître que parce que moi aussi je crée des idées originales et inimitables.

un *diagnostic*. Dès lors, son enjeu n'est plus la psychologie de Heidegger mais la pathologie de Hegel. Nous pourrions dire que selon le diagnostic heideggérien, Hegel serait atteint de la *surdité fatale* propre aux Temps Modernes. Incapable d'entendre ce qui fait signe vers l'avenir et donne à penser, il souffrirait de l'oubli de l'être. Un diagnostic n'est pas une critique — mais il serait difficile de le prendre pour un éloge non plus. Si Heidegger peut apparaître comme médecin-philosophe, Hegel, son patient, paraît souffrir de quelque chose ; face à lui, Heidegger lui-même apparaît plus « sain », capable d'entendre plus que Hegel, étant plus pensant que lui. Il est difficile de s'opposer à Heidegger en disant que l'infirmité qu'il diagnostique n'est qu'une déformation de Hegel, car selon lui, la surdité de Hegel est *fatale*. Elle est fatale parce qu'elle est le *fatum* de Hegel et de son époque, son destin, la destination de la métaphysique, la fin du premier envoi de l'être. Pis encore, cette surdité est *dangereuse*. Figure de l'accomplissement sous le signe de la fin, Hegel risque d'achever définitivement la philosophie en la terminant, car il a épuisé la pensée[1]. Il donne à penser une philosophie sans question et sans pensée, et par là, il risque de mettre à mort la philosophie. Certes, cette clôture ne nous menace pas nécessairement : Hölderlin, *con*temporain, *com*patriote et *ami* de Hegel, entend déjà quand Hegel reste

1 *Der deutsche Idealismus* : « On sait comment, après Hegel, la métaphysique et la philosophie en général perdent la force et la certitude du questionnement, comme si l'effort métaphysique dans l'homme s'était épuisé après ce surmenage violent » (GA 28, p. 33). « L'effort monstrueux de la Phénoménologie de l'esprit » (GA 28, p. 47) constitue un événement dans l'histoire de l'être : « Cette "œuvre" est par conséquent un instant unique particulièrement insigne de l'histoire de la métaphysique. Et par "œuvre" nous ne visons pas la performance philosophique de l'individu Hegel, mais l'"œuvre" en tant qu'advenue d'une histoire au sein de laquelle et pour laquelle il est exigé de tout accomplissement humain une constance et une détermination sans commune mesure (l'instance du *Da-sein*) » (GA 68, p. 73).

sourd. La surdité fatale peut cependant encore être contagieuse, car « nous » sommes toujours *aussi* sous l'emprise de l'achèvement hégélien de la métaphysique[1]. Heidegger ne s'efforce nullement de « guérir » Hegel mais de se / « nous » protéger d'un danger qui couve dans la pensée hégélienne. Il le fait précisément en se confrontant avec ce qu'il y trouve de plus dangereux, et en se démarquant pas à pas de ce centre nucléaire de la pensée. Cette opération s'appelle « explication ».

Afin que l'explication sur la « chose même » ne reste pas une proclamation vide, nous devons nous laisser provoquer par Heidegger et entrer dans le vif du sujet. J'ai donc cherché à répondre au diagnostic de Heidegger depuis la pensée hégélienne. Mais comment répondre pour une pensée qui n'a pas été pensée ? Comment se porter responsable d'un oubli ?

Ma position est incommode autant du point de vue de la question que du point de vue du chemin à prendre. En ce qui concerne la question, afin de déceler la « mêmeté » des pensées hégélienne et heideggérienne, j'ai confronté Hegel à la question heideggérienne du sens de l'être. Éloignée de sa propre problématique par une question aussi oblique, la pensée hégélienne s'est inévitablement vue transformée. Mon but n'a évidemment pas été de l'arracher à ses propres racines mais de laisser parler des éléments contenus dans son texte mais contournés par Heidegger.

En ce qui concerne le chemin à prendre, mon inconfort a été multiple. Suivant l'indication de Heidegger, j'ai cherché la « doctrine hégélienne de l'être » dans la *Science de la logique*. À défaut de commentaires heideggériens soutenus, j'ai cependant suivi son approche usuelle en cherchant la pensée hégélienne de l'être dans le texte même de ce livre. Manifestement, Heidegger connaît bien la

1 GA 68, p. 3.

Science de la logique et lui est à bien des égards tributaire. Cependant, tout se passe comme s'il *évitait* d'entrer dans le *texte* de Hegel. Ceci ne tient certainement pas à la longueur et à la difficulté proverbiales de la *Grande Logique,* mais plus probablement à la textualité hégélienne. Heidegger est spécialiste de mots : paroles, propositions, fragments. La pensée hégélienne, en revanche, est un mouvement qu'on ne peut arrêter à aucun de ses moments (mais auquel on s'abandonne ou ne s'abandonne pas). Certes, Hegel est sensible à la puissance spéculative des mots mais, chez lui, cette puissance relève plus de la chance que du destin. Ainsi, *Aufhebung* et *Erinnerung* sont de véritables chances linguistiques, alors que, par exemple, selon la *Science de la logique* le *Dasein* serait un mot malheureusement inadéquat. Pourtant, aucun mot ne trouve son sens hors du mouvement spéculatif qui, au lieu de les consolider, les déplace sans cesse. La compréhension ne les stabilise pas mais les fluidifie. L'approche heideggérienne, admirable quand il s'agit de pénétrer au cœur de paroles denses et obscures, se prête mal à cette plasticité, à la prodigalité et à l'inventivité du texte hégélien, toujours prêt à assimiler un nouveau bon mot.

Me voici donc devant une tâche ingrate : lire Hegel depuis Heidegger et pourtant sans son aide.

Troisième partie

CE QU'IL EN EST CHEZ HEGEL

1. Une lecture très schématique de la *Logique*

Le pas-en-arrière heideggérien dans Héraclite est dirigé contre Hegel en tant que celui-ci n'aurait pas posé la question du sens de l'être. Ce manque de question se situerait plus particulièrement dans la *Science de la logique*, qui serait son traité sur l'être[1]. Heidegger le traite notamment dans des cours des années 30, par le biais d'une explication (*Auseinandersetzung*) qui vise à cerner la *Logique* hégélienne comme adversaire par excellence[2]. Mais si l'explication est un combat qui doit préciser la position propre par rapport à une position adverse, elle devrait en principe expliquer cette dernière, aussi. Or, dans les lectures heideggériennes de la *Science de la logique*, cet éclaircissement reste en souffrance.

Le rapport de Heidegger à la *Science de la Logique* est particulier. Constamment et discrètement, il n'a cessé de la lire et de l'enseigner. Il y renvoie depuis son habilitation ; pendant la rédaction d'*Être et temps*, en 1925/1926 et 1927 il dirige des travaux pratiques sur la *Logique* ; il y renvoie dans le cours *Der deutsche Idealismus* en 1929 ; après le cours sur la *Phénoménologie* en 1930-1931, il donne une conférence sur la *Logique* en 1930 et revient à la *Logique* pendant le Rektorat (le cours *Die Grundfrage der Philosophie* en 1933) et immédiatement après[3]. En 1938-1939 et 1941 il dirige un groupe de travail sur la négativité en se référant aussi à la *Logique* (paru sous le

1 Par exemple HPM, p. 22.

2 Par exemple HPM, p. 16, 56.

3 Pour une liste chronologique des principaux cours et séminaires que Heidegger a consacrés à Hegel, voir Alain Boutot, *Préface du traducteur* à *Hegel* de Heidegger, p. 8.

titre *La négativité*). Enfin, *Identité et différence* de 1956-1957 est issu de deux cours sur la *Logique* (*Zu Hegels Logik: Die Logik des Wesens*, 1955-1956, et *Zu Hegels Logik: Über den Anfang der Wissenschaft*, 1956-1957)[1]. En plus de ces travaux spécifiquement consacrés à la *Logique*, son œuvre, et notamment les cours sur Héraclite[2], contient d'innombrables renvois passagers à ce *magnum opus*.

Constante, la présence de la *Science de la logique* demeure cependant discrète. Ces travaux n'ont donné lieu à aucun texte majeur, et la plupart des textes disponibles sont de simples esquisses fragmentaires. Comme Heidegger n'a jamais publié d'analyse approfondie de ce livre ni d'aucun de ses concepts ou moments, nous restons avec l'impression que la réflexion sur la *Logique* ne parvient jamais à commencer ou est toujours déjà finie : dans ses conférences, Heidegger n'entre pas dans le texte, et même dans les exercices il ne fait que le frôler (par exemple en 1926 il n'arrive qu'au devenir)[3]. Cet évitement du texte de la *Logique* se traduit par deux gestes différents : ou bien Heidegger dit ne parler que du caractère fondamental de cette œuvre, ou bien il s'en tient à une seule de ses phrases.

Selon la thèse majeure de Heidegger, le caractère fondamental de la logique hégélienne est sa théo-logicité : « La métaphysique de Hegel est une théo-logique et en tant que telle l'achèvement de la métaphysique occidentale »[4]. Selon Heidegger, le caractère logique du système achève,

---

1 Selon la liste d'Alfred Denker, le séminaire de 1955/1956 aurait traité la logique de l'essence et celui de 1956/1957 le commencement de la science. Daniel Fidel Ferrer rapporte qu'un manuscrit de ces cours existe (http://personal.cmich.edu/~ferre1df/HeideggerContraHegel.htm).

2 GA 55, *Heraklit* (1943-44) et GA 15: Heidegger et Fink: *Heraklit* (1966-67).

3 *Cf.* HPM, p. 20, GA 68, p. 5-6, GA 36/37, p. 15.

4 GA 36/37, p. 70. *Cf.* « Hegel und das Problem der Metaphysik » (1930) (*op.cit.*), et *La Constitution onto-théo-logique de la métaphysique*..

au mieux, l'aboutissement de l'idée platonicienne d'une κοινωνία des idées et, au pire, un avatar de l'idéal mathématique des sciences[1]. Selon lui encore, la logicité du système coïncide avec son caractère théologique, en sorte que Dieu comme cause ultime s'explique comme ce qui réalise la possibilité déterminée par la logique[2]. La clé de cette interprétation est une citation de l'Introduction à la *Logique* : « La logique doit par conséquent être comprise comme système de la raison pure, comme le royaume de la pensée pure. Ce royaume est la vérité elle-même, telle qu'elle est sans voile en et pour soi ; pour cette raison, on peut dire : ce contenu est la présentation de Dieu tel qu'il est selon son essence éternelle, avant la création de la nature et de l'esprit fini. »[3]

La phrase clé de la *Science de la Logique* est, pour Heidegger, la première phrase du chapitre « Être » : « L'être

---

1 Que la forme mathématique du savoir détermine l'idée de la vérité chez Hegel est une thèse principale du cours *Die Grundfrage der Philosophie* (GA 36/37, p. 36). La rhétorique guerrière nationale-socialiste de ce cours se dirige également contre Hegel, en sorte que l'attaque contre sa *Logique* fait partie de la tâche historiale qu'assume Heidegger en tant que recteur de l'université. Au lieu d'étudier le texte de Hegel, Heidegger rabat sa logique sur la mathématique développée par Wolff, Baumgarten, Crusius et Meier (GA 36/37, p. 29, 50) – alors que dans *Der deutsche Idealismus* il reconnaissait la distance prise par Hegel à leur égard (GA 28, p. 219-220). Selon *Die Grundfrage der Philosophie,* l'essence mathématique de la logique prouverait son intemporalité et l'impossibilité de l'expérience (GA 36/37, p. 35) ; son principe serait la loi de la contradiction qui veut que seul peut être ce qui n'est pas contradictoire (GA 36/37, p. 56) – et malgré l'affirmation hégélienne du caractère contradictoire du réel, Heidegger semble rabattre le réel hégélien sur cette loi ; d'autre part cette logique mathématique coïnciderait avec le Dieu devenu raison (GA 36/37, p. 69, 76) ; ce qui fait que la *Logique* serait essentiellement une théorie du Dieu mathématique et intemporel, hors de l'expérience humaine.

2 HPM, p. 30, 32.

3 WL I, p. 44 / 19 ; cit. GA 36/37, p. 76, HPM, p. 30.

est l'immédiat indéterminé. »[1] Il aborde la *Logique* depuis son commencement qu'il situe le plus souvent dans cette unique phrase[2] (et ne semble guère progresser davantage). C'est surtout dans *La négativité* que Heidegger explique pourquoi cette phrase condenserait « le non-concept hégélien de l'être »[3] : son incapacité à questionner l'être comme tel est dû à son besoin de le déterminer depuis la conscience absolue déjà présupposée. Le préfixe *un-* (*im-*, *non-*) caractériserait alors le procédé hégélien qui n'arriverait à l'être que depuis un dé-montage ou une de-struction et un dé-dire, *Ab-bau* et *Ab-sage*[4], de l'esprit. L'être ne ferait pas question – « la pensée inconditionnée signifie l'absence même de toute question »[5] – car il serait toujours déjà posé et présupposé comme ce que nous pourrions nommer un rejet, *Ab-fall*, de la pensée.

Mais quelle est, au juste, la doctrine hégélienne de l'être ? Se réduit-elle vraiment à une logique intemporelle, image d'un Dieu qui n'est que sa pensée de lui-même ? Ce jugement se montre infondé si on interroge la *Logique* depuis la question de l'être, adressée par Heidegger. En suivant cette piste, je lirai par la suite la *Logique* comme une interprétation de l'*être comme vie*[6], afin de montrer sa proximité avec la pensée heideggérienne de la φύσις. Ce n'est pas pour évacuer Dieu de la *Logique* (qui présente, après

---

1 HPM, p. 22, GA 36/37, p. 73, GA 68, p. 30.

2 Cependant, selon *Der deutsche Idealismus*, le commencement de la *Logique* est le chapitre introductif « Par quoi doit-on commencer la science ? » (GA 28, p. 223) ; selon *La négativité*, il est le *devenir* (GA 68, p. 12).

3 GA 68, p. 31.

4 GA 68, p. 24-25, 32-33. *Cf.* Otto Pöggeler, « Hegel und Heidegger über die Negativität » (*Hegel-Studien* Band 30), p. 149.

5 GA 68, p. 38.

6 *Cf.* J. Taminiaux, Introduction pour la traduction du *Système de la vie éthique* de Hegel, p. 23, 65.

tout, « les définitions métaphysiques de Dieu »[1]), mais pour rappeler qu'il s'agit là d'un *Dieu vivant*, dont la définition peut aussi défier le dieu métaphysique[2].

Je traverserai la *Logique* en trois phases : 1. en présentant le concept hégélien de l'être selon le début de la Doctrine de l'être, par rapport à la pensée heideggérienne de la φύσις ; 2. en examinant la Doctrine de l'essence comme la version hégélienne du πόλεμος ; et 3. en rapprochant la Doctrine du concept du λόγος heideggérien. Il ne s'agit pas là de correspondances univoques mais d'une façon de mettre en scène un débat qui, en réalité, se désintègre dans des renvois obvies et multiples.

2. Le commencement de la logique

D'où vient le concept d'être de l'exposition spéculative ? L'être est-il, pour Hegel, un rejet de pensée, une position par un sujet toujours déjà constitué ? « Sans question » selon Heidegger, la *Science de la logique* commence pourtant par une question : « Par quoi doit-on commencer une science ? »[3] L'être comme commencement de la science

1 ENZ I, § 85, p. 181 / 348.

2 *Cf.* D. Souche-Dagues, *Du Logos chez Heidegger*, p. 115.

3 Dans le § 20 d) de son cours *Der deutsche Idealismus*, Heidegger loue la question hégélienne du commencement (GA 28, p. 223), qui dépasserait toute conception vulgaire du savoir (GA 28, p. 230) et permettrait même d'entrevoir le problème de l'historialité du savoir. C'est pourquoi sa proximité serait la plus grande (et son explication la plus serrée) au sujet du commencement (GA 28, p. 231). Dans « La constitution onto-théo-logique de la métaphysique », la proximité aura disparu. Le commencement de la *Logique* sera maintenant le résultat ou le Dieu (ID, p. 44/288). Pour preuve, Heidegger cite une parenthèse de Hegel : « (et c'est Dieu qui aurait le droit incontestable qu'on commence avec lui) » et en déduit que la *Science de la logique* doit commencer par

est découvert dans l'analyse de cette question, et nullement (présup)*posé*, comme le prétend Heidegger[1].

Le commencement de la science par la question de son propre commencement est selon Hegel un *nouveau* besoin de la pensée. Dès lors, la science ne commence plus objectivement (d'un principe) ni subjectivement (de l'instance pensante) mais en saisissant la *pure activité de penser*, qui précède et produit le sujet et l'objet. L'activité primordiale de la philosophie est maintenant le savoir pur. D'où vient-il et pourquoi trouve-t-il l'être au commencement de la philosophie ? La réponse est double, à la fois médiate et immédiate.

Du point de vue de la médiation, le point de départ de la *Logique* est le résultat de la *Phénoménologie de l'esprit* : le savoir du savoir lui-même, entendu comme l'expérience (historique) d'un « savoir pur » (intemporel). Étant pur, ce savoir est comme une condition transcendantale de la pensée, présente intemporellement. D'autre part, il ne supprime pas l'expérience dont il relève ; sa pureté et sa simplicité absolues présupposent la finitude et le langage dont il provient. De ce point de vue, il n'est pas présent intemporellement mais est venu au jour récemment, depuis la *Phénoménologie*, depuis l'histoire de la philosophie. Il reste à savoir en quel sens le savoir pur, à la fois intemporel

---

Dieu. Or Hegel dit justement l'inverse : selon lui, on ne commence *pas* la *Logique* par Dieu, car celui-ci est une représentation riche tandis que le commencement doit être la chose la plus simple (l'être). *Cf.* aussi Didier Franck, « L'ombre de Dieu », p. 71-72, et Bernard Mabille, *Hegel, Heidegger et la métaphysique*, p. 110-112.

1 Dans son exposition du concept de l'être, Hegel n'utilise pas le terme « poser », autrement opératif partout dans la *Science de la logique*. En revanche, l'être-là (*Dasein*) est posé : « Mais la déterminité de l'être-là comme tel est *posée*, comme l'indique le terme même l' "être-là" » (WL I, p. 116 / 84-85 / 105, tr. Jankélévitch, modif.) *Poser* égale *déterminer*, et l'être, ne pouvant pas être déterminé, ne peut pas être « posé » au sens propre du mot.

et historique, *ne vient au jour comme tel* qu'à l'orée de la *Science de la logique*.

Le savoir pur vient au jour dans une suspension non seulement de son langage, de son monde et de son histoire, mais de lui-même. C'est lorsque le savoir pur se suspend que l'être *se trouve purement et simplement là* :

> Pour que cette détermination du pur savoir à partir du commencement de sa science demeure immanent, il faut ne rien faire sauf considérer ou plutôt, en mettant de côté toutes les réflexions et opinions que l'on puisse avoir, seulement admettre *ce qui est là, purement et simplement présent ou disponible* (*nur aufzunehmen, was vorhanden ist*).
> Le savoir pur, en tant que *s'étant rétréci* dans cette *unité*, a relevé (aufgehoben) tout rapport à un autre et à la médiation ; il est ce qui est sans différence ; cette indifférenciation cesse par elle-même d'être un savoir ; seule la *simple immédiateté* est disponible.
> La simple immédiateté est elle-même une expression de la réflexion et se rapporte à la médiateté comme sa différence. Aussi est-ce l'*être pur* qui est la véritable expression de cette immédiateté simple. De même que le savoir *pur* ne doit nommer que le savoir comme tel, de manière tout à fait abstraite, de même l'être pur doit nommer seulement l'*être* en général. Être, rien de plus, sans autre détermination ou contenu.[1]

Le savoir pur ne produit pas l'être. Au contraire, il ne *fait rien*, suspendant tous les savoirs particuliers et

---

1 WL I, p. 68 / 83, tr. Jankélévich, tr. modif.

admettant simplement *qu'il y a là quelque chose* à savoir. Chez Fichte, ce quelque chose serait la *Tathandlung* du savoir lui-même, le fait de sa propre activité[1]. Mais dans la *Logique* hégélienne, le savoir, « cessant par lui-même d'être un savoir », se suspendant donc *en tant que savoir*, ne se sait pas *en tant que* savoir (avant de se produire comme tel[2]). Cet écart du savoir par rapport à lui-même fait apparaître quelque chose qui ne revient pas (simplement) au savoir : l'être.

L'être vient au jour uniquement en tant qu'il « *est là*, présent ou disponible ». Sa présence est trop simple pour être saisie conceptuellement : l'être n'est rien, rien de saisissable. Pourtant, il est là, et le savoir pur ne peut que le *prendre* tel quel. Selon Hegel, la véritable expression de cet être n'est même pas « immédiateté » mais tout simplement « être pur » ou « être, rien de plus ». À la fin du chapitre, Hegel résume en disant que l'être n'est qu'un « mot vide », dont le statut particulier génère la première section de la *Logique de l'être*.

Contrairement au diagnostic heideggérien qui renvoie la pensée hégélienne au cartésianisme[3], le commencement de la pensée ne conclut nullement d'un Je à son existence ni ne présente l'être à une conscience. Aucun *ego* n'est le sujet de l'auto-examen du savoir pur, et le Je ne sera découvert que dans la doctrine du concept. L'être du commencement n'est pas l'existence d'une conscience mais l'être surgissant sur le fond du néant. Hegel *et* Heidegger découvrent l'être sur le fond du néant au moment d'une suspension de la pensée : si l'être se trouve là lorsque le savoir se suspend

1 Fichte, *Grundlage der gesamten Wissenschaftslehre* (1794), p. 16 (I, 96).

2 WL I, p. 79 / 68, tr. Jankélévich, tr. modif.

3 Par ex. dans le *Séminaire du Thor* du 6. 9. 1969 Heidegger présente le concept d'être du début de la *Logique* comme étant l'objet d'une conscience de soi. GA 15, p. 347-349 / Q III-IV, p. 435-437.

à même le savoir, il évoque la façon dont la question heideggérienne de l'être vient au jour dans l'angoisse. Les deux penseurs trouvent l'être lorsqu'une suspension du savoir / de l'existence au sein même de ce savoir / cette existence fait voir le savoir comme tel / l'existence comme telle : l'être vient à la question là où il n'y a que le rapport pur de l'existant à l'existence. Certes, si Hegel trouve l'être « là », Heidegger trouve au contraire que l'être n'est *pas* là mais se retire. Mais avant tout, chez Heidegger, le là qui apparaît lorsque l'être se montre est le monde ; tandis que chez Hegel, le savoir pur se trouvant là, tout en présupposant un monde infiniment varié, est une idée ; et la question reste de comprendre le rapport entre monde et idée.

Hegel réexamine le statut du savoir pur en analysant le commencement immédiat de la *Logique* :

> Ici [lorsque le savoir pur est considéré comme résultat de la *Phénoménologie*], l'être est présenté comme ce qui commence, comme par médiation et précisément par une médiation qui est simultanément sa propre relève (Aufhebung), comme ce qui s'est produit (entstanden) ; il repose sur la présupposition du savoir pur comme résultat du savoir fini, la conscience. Mais si l'on ne doit pas faire de présupposition mais prendre le commencement *immédiatement*, il ne doit être déterminé que par ceci qu'il doit être le commencement de la logique, de la pensée pour soi. Seule la décision (Entschluß), qu'on peut, si l'on veut, taxer d'arbitraire, c'est-à-dire la décision de considérer la *pensée comme telle*, est là. Ainsi, le commencement doit être absolu ou, ce qui veut ici dire la même chose, abstrait ; il ne doit rien présupposer, il ne doit

> être médiatisé par rien ni ne doit rien avoir comme fondement ; c'est plutôt lui qui doit être le fondement de toute la science.[1]

La *Science de la Logique* commence lorsqu'on considère la pensée comme telle – mais rien n'est plus imprévu et surprenant qu'une pareille considération. Elle ne tient qu'à une décision « arbitraire » : c'est un « acte libre de la pensée » qui « se crée et se donne à soi-même son ob-jet », en sorte que « le commencement est seulement une relation au sujet, en tant que celui-ci veut se décider à philosopher, mais non à la science comme telle »[2]. Dans la mesure où la philosophie commence par une décision de philosopher, elle commence par un coup de tête qui surprend le philosophe lui-même.

La décision de se mettre à philosopher est arbitraire sans être pour autant une envie contingente ou un projet subjectif. Elle ne *dépend* pas de la volonté subjective du sujet mais *crée* une volonté en lui : elle pousse à réfléchir mais ne naît pas d'une réflexion[3]. La décision est moins un

---

1 WL I, p. 68-69 / 58, tr. Jankélévich, tr. modif.

2 Enz I, § 17, p. 62 / 184. Sur le rôle fondamental de la décision dans la philosophie hégélienne, *cf.* B. Bourgeois : « La spéculation hégélienne » (*Études hégéliennes. Raison et décision*). B. Bourgeois montre brillamment pourquoi la raison hégélienne est l'acte même de la décision. La décision de se mettre à philosopher coïncide alors avec la libre création de l'être, c.-à-d. avec la libération de l'idée. Depuis cette constellation, « tout le Système serait alors la transition, selon le mode opposé de chaque moment inaugural (devenir lent, décision soudaine), de l'expérience pure à l'existence pure, et de l'existence pure à l'expérience pure » (*Ibid.* p. 90).

3 Sur ce point, j'aimerais marquer un léger désaccord avec F. Fischbach, dont l'exposé détaillé du motif de la décision dans *Du commencement en philosophie* me semble en général précieux. Je pense que la décision du philosophe relève de la situation déterminée du sujet philosophant, mais ne va pas jusqu'à *coïncider* avec l'idée, par exemple en devenant le Sage kojèvien (*op. cit.*, p. 203, 205). Parce que l'écart qualitatif entre

acte du philosophe que ce qui le pousse à agir. Au fond, le « sujet » de la décision n'est pas le philosophe lui-même mais « l'acte libre de la pensée » : la décision saisit le philosophe depuis la pensée, depuis une pensée qui veut être pensée[1]. La pensée se libère dans la décision qui jette le philosophe dans l'action.

L'« acte libre de la pensée » s'explique proprement comme idée absolue, mais Hegel expose son actualisation dans l'analyse de la téléologie. La décision appartient à l'action téléologique, qui est une *praxis* dirigée par l'idée du bien et effectuée par un agent singulier fini. Or, cette « idée du bien » n'est pas encore l'« acte libre de la pensée » : celui-ci est sa vérité et n'apparaît pour l'instant que comme fin (*Zweck*), c'est-à-dire comme « concept en existence libre »[2]. Le concept ainsi aperçu n'est pas une idée du *vrai*, qui se prêterait à la connaissance et qui permettrait à l'agent de connaître par avance le résultat de son action. La fin pratique est de l'ordre de l'idée du *bien*, qui ne fait que déterminer le sujet à l'action, comme en lui enjoignant d'agir de sorte que le concept puisse se trouver dans l'existence libre.

Dans la téléologie, la « fin » apparaît comme ce qui pousse le sujet à l'action. « Ce repousser (*Abstoßen*) est la décision (*Entschluß*) en général du rapport à soi de l'unité

---

la finitude du sujet et l'infinitude de l'idée est irréductible, le philosophe hégélien ne peut pas s'évider dans une pure identification avec l'idée dans une sorte d'intuition intellectuelle accomplie.

1 La décision pour philosopher est, tout d'abord, une décision de l'être même — sa décision d'être et de se donner à penser. Comme le dit J.-L. Nancy dans *Hegel. L'inquiétude du négatif* : « La pensée est une décision — pratique, comme toute décision — du sujet infini, qui se décide pour cette infinité même, c'est-à-dire qui décide de ne s'en tenir à aucune forme finie de l'être ni de lui-même. La philosophie n'est pas, essentiellement, un savoir théorique ou une proposition interprétative : elle est la *praxis* du sens. » (*Op. cit.* p. 14-15.)

2 WL II, p. 439 / T. III, p. 249.

excluante (*ausschließende*) ; mais par cet *acte-d'exclure* elle se décide ou s'ouvre (*aufschließt*), parce qu'il est *auto-déterminer*, poser *de soi-même.* »[1] La fin « repousse » l'agent et le pousse hors de lui, parce qu'elle brise l'idée du vrai que l'agent avait jusque là entretenue[2]. L'apparition de la fin est la perte du vrai, une sorte de perte de conscience. La secousse de la fin provoque, dans l'agent, une transformation, gravée dans la polysémie du mot *schließen* (fermer, clore, conclure, signer, déduire, inférer, etc.)[3]. L'agent *schließt*, il s'enferme dans sa singularité et apparaît pour la première fois comme véritablement singulier – car il est *exclu* (*ausgeschloßen*) de la sphère de l'idée du vrai établi. En même temps, l'agent *schließt*, il conclut déjà une alliance avec la fin : il se décide et se détermine (*entschließt*) à agir dans le sens de la fin, noue son destin avec elle, lui accorde toutes ses forces et se laisse entièrement déterminer par elle. La fin apparaît désormais comme *sa* fin. Du coup, l'agent *schließt*, il tire déjà des conclusions, conclut déjà le problème posé, la vérité exigée par la fin commence à s'ouvrir (*aufschließen*) en lui, à lui, pour lui. Il n'a pas encore agi et ses conclusions ne sont nullement effectives : elles ne lui disent même pas comment effectuer la fin mais constituent la fin comme fin effective (à savoir, devant *devenir possible*). L'agent lui-même n'est pas encore effectif, il demeure hors de lui, pris dans la réflexion interne d'une décision, « inconscient » et « séparé », seulement déterminé par ce qui est désormais sa fin, mais non encore agissant en sorte que la fin puisse devenir une réalité effective[4]. C'est en tant que cette décision

---

1 WL II, p. 447 / T. III, p. 257.

2 Ainsi la fin pratique de Hegel – le renouveau de la *Logique* – surgit parce que la Logique disponible apparaît comme un royaume de la mort. (WL I, p. 14 / 3 ; 19 / 11 ; 45 / 21 ; 48 / 24 ; 55 / 32.)

3 *Cf.* Heidegger sur la téléologie d'Aristote comme une logique d'*exclusion*, *Ausschliesslichkeit* (GA 33, p. 138).

4 *Cf.* Heidegger sur le « pro-jet » pour la philosophie (*Concepts*

que le philosophe se détermine – et commence à philosopher.

La « décision de considérer la pensée comme telle » contient cette réflexion de l'agent et de la fin, dans laquelle la fin transforme le sujet en son « moyen » de manière « violente » et « rusée »[1]. L'« acte libre de pensée » — la raison rusée apparaissant comme fin — n'existe ni avant la décision ni ailleurs qu'en elle. La division en fin et agent n'est qu'une abstraction destinée à rendre compte d'une action ou d'un événement unique et en réalité indivisible. La fin ne repousse donc pas la décision mais vient au jour dans la décision elle-même. « Il n'est besoin pour la fin subjective d'aucune puissance ou autre renforcement en regard de ce même [objet] pour faire de lui un moyen que le renforcement d'elle-même ; la décision (*Entschluß*), [l'] ouverture (*Aufschluß*), cette détermination de soi-même, est l'extériorité seulement posée de l'objet, lequel […] n'a en regard d'elle aucune autre détermination que celle d'être-en-et-pour-soi. »[2] L'« objet » de la fin subjective est l'agent lui-même, qui devient moyen, c'est-à-dire agent, au moment où il est simplement renforcé en lui-même. Ce renforcement de soi est la réflexion contenue dans la décision elle-même et déterminant l'agent en tant qu'agent. Comme plié sur lui-même, l'agent devient à la fois le « sujet » et l'« objet » de l'action : en tant que « sujet », il est exclu de la vérité ; en tant qu'« objet », il est déjà l'ouverture d'une conclusion possible ; et en tant que sa détermination, il est la synthèse de l'action qui se déclenche aussitôt. L'agent est celui qui s'est déterminé à réaliser sa fin — que seule la réflexion « inconsciente » contenue dans sa décision ouvre en tant que fin.

---

fondamentaux de la philosophie, GA 29/30, p.530-531).

1 WL II, p. 452 / T. III, p. 262-263.

2 WL II, p. 458 / T. III, p. 268.

Ainsi donc la « décision » pour philosopher consiste à rejeter l'idée courante du vrai et à commencer à chercher une nouvelle idée du vrai. Celle-ci ne précède donc pas la décision mais naît dans l'action qui s'ensuit (sinon, il ne s'agirait pas de pensée libre mais uniquement de la reproduction des modèles donnés). La fin n'est pas une εἶδος qui se traduit en réalité, mais un besoin qui transforme l'humain en son moyen de manière violente et rusée. L'humain, le philosophe, ne sait donc pas le sens de son action dans l'absolu – mais sans son action, l'absolu ne serait rien.

Une décision « arbitraire », inattendue et imprévisible, coïncide avec ce qu'on appelle, depuis Heidegger, un *événement*[1]. Le commencement de la *Science de la logique* serait-il un événement de l'histoire de l'être au sens de Heidegger ? Pour Hegel, il est au moins un événement historique combinant une longue « fermentation » et la surprise d'une « création nouvelle », répondant à un nouveau besoin de la pensée et déterminant « notre temps »[2]. Ni une vérité toujours connue ni une fondation *ex nihilo*, il se présente comme projet de *réforme*, voire de *révolution*, de la métaphysique héritée[3] – un effort pour redonner vie à l'ossature morte de la logique. Dans « Quel doit être le commencement de la science ? », Hegel souligne l'imprévisibilité de cet événement, car ni l'histoire de la logique ni même la *Phénoménologie de l'esprit* ne permettent de déduire l'émergence de cette *Logique*.

Mais penser l'historialité d'un livre n'est pas encore penser l'historicité de l'être. Hegel dit très clairement que le savoir absolu s'extériorise « sous la forme du *libre*

1 *Cf.* Heidegger sur la conjonction de l'événement (*Geschehnis*) et de la décision (*Entschlossenheit*) dans *Introduction à la métaphysique.* (IM, p. 4 / 17 ; 16 / 33.)

2 *Cf.* p. ex. WL II, p. 244 / T. III, p. 32 ; ou la « Présentation » de la *Science de la logique*.

3 *Cf.* p. ex. WL II, p. 243 / T. III, p. 31-32.

événement contingent »[1], appartenant à la nature ou à l'histoire. Dans *Deutsche Idealismus*, Heidegger indiquait le germe d'une pensée finie dans l'analyse du commencement de la *Logique*[2], ce qui permettrait d'accorder à l'événement fini une dignité ontologique. Mais dans « La constitution onto-théologique de la métaphysique », il ne croit plus que ce germe ait pu se développer sous l'ombre de l'éternité de Dieu, qui détermine le plus fondamentalement le projet de la *Logique.* Pour lui, le véritable fondement de la *Logique* est Dieu, et la décision hégélienne de considérer le savoir pur coïncide avec la décision divine (et extra-historiale) de créer le monde[3]. À ce moment, l'être qui, au commencement, n'était qu'un « mot vide », s'avèrera être le « nom le plus riche »[4], le λόγος de la Création : en ce sens, la *Logique* est « la définition métaphysique de Dieu » montrant comment « Dieu est l'être dans tout l'être-là »[5]. En effet, l'être hégélien coïncide indéniablement avec le λόγος johannique de la Création. Cependant, je montrerai ultérieurement comment son interprétation par Heidegger est biaisée par son refus de considérer la Création comme acte pur[6], mais comme fabrication.

---

1 PDG, p. 590. *Cf.* WL II, p. 573 / T. III, p. 393.

2 *Der deutsche Idealismus* : « Le commencement, le par quoi du commencement du philosopher. » – « Mais simultanément commencer doit aussi appartenir au commencement. » « Décision et commencement. Le commencement de l'absolu et la décision ! (La décision et la résolution à – pas la finitude la plus finie ?) » (GA 28, p. 255.)

3 « Et ainsi l'esprit absolu, qui s'adonne comme la vérité concrète, comme la dernière et la plus haute vérité de tout être, est connu comme ce qui, à la *fin* du développement, s'extériorise librement et se libère dans la figure d'un être immédiat — qui, en se décidant pour la création d'un monde [...] » (WL I, p. 70 / 60, tr. Jankélévitch, tr. modif.)

4 WL I, p. 78 / 67, tr. Jankélévitch.

5 Enz I, § 85, p. 181 ; § 39, p. 201.

6 L'interprétation réductionniste, voire le refus d'interprétation de l'être comme acte, par Heidegger, est clairement exposée par Franck Fischbach dans *L'Être et l'acte*, p. ex. p. 19, 28-29, 193.

Dans « Par quoi doit-on commencer une science ? » la question de l'éventuelle historicité de l'être hégélien ne s'adresse qu'à la notion d'être découverte dans l'analyse du commencement de la *Science de la logique*. L'être se donne à penser précisément *en tant que commencement* : comme un néant d'où quelque chose peut sortir. Dans le commencement absolu,

> nous n'aurions rien d'autre que la représentation du simple commencement comme tel. Alors, il suffit de voir ce que nous avons dans cette représentation.
>
> Il n'y a donc rien, et quelque chose doit devenir. Le commencement n'est pas un néant pur et simple, mais un néant d'où quelque chose peut sortir ; l'être est donc aussi déjà contenu dans le commencement. Celui-ci contient, par conséquent, les deux : l'être et le néant ; il est l'unité de l'un et de l'autre ; ou encore, il est non-être qui est en même temps être, et l'être qui est en même temps non-être. [...] ce qui commence n'est pas encore, il avance seulement vers l'être [...] ce qui commence est déjà, tout en n'étant pas encore.[1]

Vu depuis le commencement de la science, l'être apparaît comme passage entre l'être et le néant. « Non-être qui est en même temps être, et l'être qui est en même temps non-être », il reflète la détermination du temps[2]. Mais l'être logique n'est pas la simple oscillation entre l'être et le néant

1 WL I, p. 73 / 63, tr. Jankélévitch, tr. modif.

2 « Le temps est l'être qui, en *étant*, *n*'est *pas*, et, *n*'étant *pas*, *est* ». (Enz § 258, p. 48/ 197). Dans une célèbre analyse de SZ § 82, p. 430 Heidegger réfère ce passage à Aristote.

constitutive du devenir naturel : il est le passage du rien à l'être comme création sans cause. Le commencement n'est pas rien, il est un néant d'où quelque chose peut sortir. Commencement absolu, il ne peut pas être posé car rien ne le précède qui puisse le poser, alors que tout commence depuis lui. Cet être ne se repose pas, il est commençant, initial, un pur surgissement de l'être qui est là. Hegel ne dit pas : il est don(ation), car cela supposerait un donateur et un destinataire. Pourtant il parle du désir d'être, de la générosité caractéristique de l'être. L'être qui *est là*, par le simple fait de commencer la science, est cette initialité, ce pur surgissement de l'être qui est là. Et pourtant, pour l'instant, cet être n'est qu'un « mot vide ».

3. Ce qu'un mot vide veut dire

L'être, selon Hegel, est d'abord un mot vide, et la tâche de la philosophie est de déterminer son sens. À l'orée de la « Première section » (« Déterminité ») du « Livre premier » (« La doctrine de l'être »), la *Science de la Logique* aura donc commencé par l'apparition d'un *mot vide* : être. Le chapitre « A. Être » commence ainsi : « *Être, être pur*, – sans aucune autre détermination. » L'*Encyclopédie* de 1817 : « L'*être pur* constitue le commencement. [...] La *définition* véritablement *première* de l'*absolu* est par suite qu'*il est l'être pur*. »[1]

Il me semble que cet énoncé est l'expression la plus propre de l'être comme tel. Dans cette expression, l'être ne vient pas à la Science depuis la présupposition d'un concept hypothétiquement dépourvu de ses déterminations[2], comme

1 ENZ I, tr. Bourgeois, § 39 p. 201.

2 La phrase clé pour l'interprétation de Heidegger, « l'être est l'immédiat

le dit Heidegger. Il y surgit plutôt comme un mot vidé de son évidence usuelle et posant problème, et entame la Science à l'instant où le *mot* « être » *devient question*. Cet instant ressemble à l'interruption du dire-est dans l'angoisse préparant à la question de l'être, que Heidegger décrit dans « Qu'est-ce que la métaphysique ? »[1]. Pour Heidegger, l'être vient au jour lorsque le mot « être » doit se taire, alors que pour Hegel il vient à la pensée lorsque ce même mot perd son sens. Le mot vide n'équivaut pas au silence, mais les deux renvoient à une suspension de la langue permettant d'examiner le mot être en tant que tel.

Dans « A. Être », le *factum* de l'être est déjà là, découvert dans l'analyse du commencement de la science. Le problème se pose alors : comment peut-on *penser* l'être comme *factum* pur, vide et dépourvu de déterminations ? Comment *dire l'être* ? L'être peut sembler ineffable[2], mais la pensée ne saurait se contenter d'un arrêt au bord de l'indicible[3] dès lors que, de fait, le mot a déjà été dit et, qui

---

indéterminé », est en réalité la première phrase de l'introduction à la logique de la *déterminité*, qui est la première partie de la doctrine de l'être. Le paragraphe sur l'être commence ainsi : « *Être, être pur*, – sans aucune autre détermination. Dans son immédiateté indéterminée, il n'est égal qu'à lui-même… » (WL I, p. 82 / 58).

1 « L'angoisse nous coupe la parole. Parce que l'existant glisse dans son ensemble et qu'ainsi justement le Néant nous accule, toute proposition qui dirait "être" (dirait le mot "est") se tait en sa présence. » (« Was ist Metaphysik ? » (WM), p. 111 / « Qu'est-ce que la métaphysique ? » (Q I-I), p. 59).

2 L'être en tant que commencement est « inanalysable » (WL I, p. 75/65 (Jankélévitch) ; il n'est qu'un « mot vide dépourvu de toute autre signification » (*op. cit.*, p. 79/68) ; selon la *Logique* de l'*Encyclopédie*, l'être, le néant et leur différence sont « ineffables » (Enz I, § 87 & 88, p. 186, 188 / 350, 351). Heidegger rappelle aussi que d'un point de vue purement linguistique, le mot être est indéterminé et vide (IM, p. 65 / 83).

3 « L'indicible – sentiment, sensation – n'est pas ce qu'il y a de plus excellent mais ce qu'il y a de plus insignifiant, de moins vrai. » (Enz I § 20, p. 74 / 287.)

plus est, en sorte que le savoir pur s'est découvert dans sa force initiale, ignescente.

Apparaissant dans sa pureté et vacuité, le mot « être » apparaît suspendu entre la représentation et la pensée. Cette suspension est le milieu même de la philosophie en tant que, selon le § 20 de l'*Encyclopédie*, « d'une façon générale, la philosophie ne fait rien d'autre que de changer les représentations en concepts (Gedanken) »[1]. En tant que représentation, l'être, tout comme le droit, le devoir ou le Dieu, n'est qu'une pensée restant dans la singularité – dans la singularité de celui qui *a* cette représentation (sa forme est celle d'une opinion, *Meinung*) et dans la singularité de ce qui est représenté (la dispersion des choses les unes hors des autres). Les représentations en tant que simples « faits » linguistiques ne sont liées que par « le simple "aussi" ("auch") ». La pensée n'abandonne ni ces faits ni leurs liens, mais son travail consiste à montrer que ce simple « aussi » est le lien vrai, certain et universel. La pensée n'est pas l'autre du langage mais le langage compris jusqu'au bout : « En tant que le langage est l'œuvre de la pensée, en lui rien ne peut être dit, qui ne soit universel. » Il n'y a pas d'autre logique que celle du langage : ce n'est pas une logique facile (elle semble au contraire la plus indicible de toutes) mais c'est la logique factuelle et factuellement dite. La pensée n'est autre chose que l'unité comprise de ce que nous pensons déjà.

Entre la représentation et la pensée, au moment où il n'est plus une représentation mais pas encore un concept, l'être apparaît furtivement comme un mot *vide*. En perdant son contenu, ce n'est pourtant pas la forme vide d'une représentation qui apparaît. Au contraire, en *perdant* son sens, l'être *trouve* la plénitude de son sens, sa signification la plus propre et irréductible : en quelque sorte, il *veut* dire

1 Enz I, § 20, 72-74 / 284-287.

absolument ce que l'être veut *dire*. Détaché de toutes les représentations de la langue courante, incapable de partager son contenu unique avec aucune autre représentation ou concept, il reste, seul, le premier concept de la logique.

Qu'est-ce que le mot être, épuré de tout lien, veut dire et quelle est sa bonne expression (*Ausdruck*) ? Du point de vue de son expression, l'être est pour Hegel une sorte de catégorie, c'est-à-dire, « selon son étymologie et la définition d'Aristote, ce qui se trouve dit, affirmé de l'étant »[1]. Or, qu'est-ce qu'on peut dire de l'être ? Les caractérisations négatives qui abondent dans les trois paragraphes composant le chapitre « A. Être » (indétermination, immédiateté, indistinction, etc.) ne disent pas ce qu'on *peut* dire de l'être, mais constatent seulement en quoi la pensée est *impuissante* devant lui. En réalité, Hegel n'*affirme* qu'une seule chose sur l'être : « *Être, être pur* ». Analogiquement, il n'affirme sur le néant que « *Néant, le néant pur* », pour finir par « *L'être pur et le néant pur sont donc la même-chose* »[2]. Ces trois phrases, toujours en italique, sont tout ce qu'on *peut dire*, positivement et affirmativement, de l'être et du néant.

Que sont les expressions « *Être, être pur* » et « *Néant, le néant pur* », dans lesquelles il suffirait d'entendre simplement « être pur » et « néant pur »[3] en tant qu'expressions de deux « mots vides » selon leur « pureté » ? Elles ne sont pas de purs rapports de type A = A ni des propositions de type S est P ; elles ne sont ni des déterminations de réflexion ni des jugements. Phrases uniques dans le système, elles ne suivent que la logique propre de l'être et du néant.

En réalité, « être pur » et « néant pur » sont des tautologies tout à fait particulières. Hegel montre leur genèse dans la « Remarque 2 » de la première édition de la *Science de*

1 WL II, p. 36 / 35.
2 WL I, p. 82-83 / 58-60.
3 *Cf.* Enz I, § 86 & 87, p. 186, 188 / 348, 349.

la logique. Il y explique comment, si on essaie de penser uniquement l'être comme tel, pris pour soi et sans l'ouvrir à sa différence d'avec le néant, on ne peut que le penser selon la tautologie. L'affirmation de l'être pur, comme tel, revient à la tautologie *l'être est l'être*[1]. La tautologie, dit Hegel, semble ne rien dire, se réduisant à la répétition stérile régnant dans l'intuitionner pur et vide (*reine, leere Anschauung*) et dans le penser vide (*leere Denken*) de l'être, le premier ne voit que *est-est-est* (dans le sens de : c'est là) et le deuxième ne voit que *est-est-est* (dans le sens de la copule)[2]. Seul le savoir pur voit le sens de la tautologie apparente de l'être, qui est en réalité comme une proposition tautologique sans prédicat. « Le prédicat tautologique omis, reste la proposition : l'être *est*. Ici de nouveau l'*être* lui-même et l'être de cet être sont différents ; par le truchement du *est* doit être dit quelque-chose de plus et donc d'autre que l'être. Que si, par le truchement du *est*, n'est pas posé un être-autre, et donc un néant de l'être pur, alors il faut également omettre cet *est* comme inutile, et ne dire que : être pur. *Être pur*, ou plutôt seulement *être* ; dépourvu-de-proposition, sans affirmation ou prédicat. »[3] Il en va de même du néant.

Les expressions *être pur* et *néant pur* sont des « propositions » de l'être, non pas au sens de *phrases* (*Sätze*), mais au sens où elles *proposent* ou *offrent l'être à la pensée* et *disent* (*aussagen*, κατηγορεῖν) ce qui est dit et affirmé de l'être. Ces « propositions » sont déjà des tautologies grosses d'une différence spéculative. Énoncés selon leur pureté, l'être et le néant sont des tautologies qui indiquent une possibilité de différenciation qui, d'une part, reste nulle et n'est que ce rien-entre, et qui, d'autre part, incite à penser à ce

1 WL I, tr. p. 72.

2 Hegel s'amuse à décrire ces paradoxes de l'intuitionner et du penser purs dans la 3ème remarque de « Être ».

3 WL I, tr. p. 72-73.

rien entre l'être et son être. Ce « rien » dit précisément l'initialité de l'être : sa capacité de se donner à *penser*.

L'apport original de la *pensée* vient au jour dans le troisième énoncé : « *L'être pur et le néant pur sont donc la même-chose* ». Cette expression ressemble à une proposition, mais sa forme n'est pas celle de S est P. Au lieu de faire disparaître le moyen terme comme dans un syllogisme, elle fait au contraire apparaître un nouveau mot : « même ». Le « même » n'est pas le troisième *terme* d'un syllogisme mais l'*élément* de la spéculation qui ne vient au jour qu'en se transformant en un nouveau concept : le « même » *exprime* la possibilité de distinction qui soutenait déjà l'argumentation précédente mais qui, jusqu'ici, n'avait pas d'expression propre.

L'affirmation « *L'être pur et le néant pur sont donc la même-chose* » n'est pas une déduction depuis les énoncés précédents mais une découverte créatrice. Celle-ci provient de la prise au sérieux du fait que si l'être et le néant peuvent être pensés, ce qui est manifestement le cas, c'est parce qu'ils contiennent une possibilité de distinction. Celle-ci reste pure : aucun trait distinctif ne survient, rien n'est distingué, et cependant la possibilité de distinction se manifeste. Aussi, bien que la pureté n'explique pas pourquoi, le néant est distingué de l'être – et pourtant, ce n'est pas une distinction, car ils sont la même chose. Le passage au « Devenir » : « l'être pur et le néant pur est donc le même. » « Pourtant la vérité, tout aussi bien, n'est pas leur état-de-non-différenciation, mais le fait *qu'ils ne sont pas le même*, qu'ils sont *absolument différents*, mais qu'ils sont également inséparés et inséparables et, tout aussi immédiatement, *chacun disparaît dans son contraire*. »[1]

---

1 WL I, p. 83 / 60. Heidegger écrit dans « Qu'est-ce que la métaphysique ? » : « "L'être pur et le néant pur sont donc identiques." Cette thèse de Hegel reste donc vraie. Être et Néant se com-posent réciproquement,

Absolument distincts, absolument indistincts, l'être et le néant sont et ne sont pas le même. Le savoir nomme « *même* » cette *pure possibilité de différenciation*, une fois à même l'être et à même le néant, une autre fois dans leur relation. « Même » est sa découverte : un nom pour le ταυτος qui dans les tautologies initiales désignait une différence qui n'en est pas une. Le *même* signifie précisément « rien entre ». Depuis le *rien* (entre) qui donne à penser l'être, la pensée crée le *même*, et ainsi elle franchit un gouffre entre deux ordres incommensurables.

Comment cette écoute du mot vide « être » répond au jugement heideggérien de ce chapitre ?

Si l'examen de l'être pur ouvre, selon Hegel, la différence entre l'être et son être, une différence nulle qui ne se montre que comme le *rien entre* l'être et son être, il ressemble à la différence ontologique heideggérienne, qui est précisément le « rien entre l'étant et l'être »[1]. Contre Heidegger[2], on peut même dire que *Hegel a pensé la différence ontologique*[3], sous d'autres mots. Du point de vue de Heidegger, l'ouverture de l'être pur vers la différence ontologique demeure cependant insignifiante, car Hegel en clôt aussitôt l'examen en passant à la méditation de la mêmeté de l'être et du néant dans le devenir. Son interprétation de la différence ontologique selon le mouvement de la φύσις

non point parce que tous deux – envisagés par le concept hégélien de la Pensée – concordent dans leur indétermination et leur immédiateté, mais parce que l'Être lui-même est fini dans son essence et ne se révèle que dans la transcendance du Dasein qui, dans le Néant, émerge hors de l'existant. » (WM, p. 119 / Q I-II, p. 69.)

1 Dans la préface, non traduite en français, à la troisième édition de « Ce qui fait l'être-essentiel d'un fondement ou “raison” », Heidegger dit : « La différence (Differenz) ontologique est le rien entre l'étant et l'être. » (WM, p. 124.)

2 *Séminaire du Thor*, GA 15, p. 360 / Q III-IV, p. 448.

3 Janicaud, *La métaphysique à la limite*, p. 31.

s'oppose précisément à toute interprétation de l'être comme devenir, vie ou volonté.

Mais qu'est que le devenir hégélien ? Si l'être est d'emblée sa pure et simple capacité à *commencer*, sa première concrétisation est le *devenir*. Le devenir comme « inséparabilité de l'être et du néant » est le passage de l'être au non-être et inversement, le « surgir et disparaître (*Entstehen und Vergehen*) », lorsqu'est surgir « ce qui commence du néant » et disparaître « ce qui commence de l'être »[1]. Contrairement à ce que laisse supposer Heidegger, le devenir hégélien n'est pas un « tout coule » égal ni même une transformation infinie : il est la chose la plus difficile à comprendre, le surgissement de l'être depuis le rien et du rien depuis l'être. L'être est création et destruction sans postulat de créateur. Ce n'est pas la *négation* occasionnelle d'un *étant donné*, mais au contraire l'impossibilité de penser l'être depuis un étant positif, et l'obligation d'y penser par rapport au non-être absolu. Le devenir n'est pas pour Hegel une croissance illimitée de la volonté mais une lutte fondamentale avec la limite absolue.

Contrairement à la φύσις heideggérienne, le devenir est une logique de la *vie*. Le surgir est la *naissance* et le disparaître est la *mort*, lorsque la naissance et la mort sont pris absolument et non pas généalogiquement. La vie n'est pas pour Hegel un simple effort pour se maintenir, comme le disait Heidegger, mais la pensée de la « naissance » et de la « mort » comme limites absolues de l'être. L'être comme vie est le passage précaire entre la naissance et la mort, ou entre son propre commencement et sa propre fin. Hegel pense la vie à travers la mort. Cet être n'est pas le *produit* d'une cause extérieure, mais son propre acte de venir à être (c'est un acte très étonnant et radicalement *ex nihilo*, car il est aussi impossible de *vouloir* ou *savoir* venir à être

---

1 WL I, p. 111- 112 / 99 - 100, tr. Jankélévitch.

que de décider de naître). C'est le surgir, *Entstehen*, contre quoi Heidegger voulait penser la φύσις comme *Aufgehung*. Mais si l'*Aufgehung* voulait se distinguer de l'*Entstehung* par le manque de fondement depuis lequel l'être surgirait, nous voyons que la distinction s'effondre face au concept hégélien de devenir, qui présente bel et bien l'être comme sa propre venue en présence depuis le rien.

Le devenir est également le mouvement du rationnel en tant qu'il se présente dans l'exposition spéculative. À ce niveau, le devenir est un « équilibre » et un « non-repos ou inquiétude (*Unruhe*) incessant qui s'abîme dans un résultat en-repos (Ruhe) »[1]. Le λόγος de l'exposition spéculative n'est pas un simple arrangement des déterminations données mais au contraire la difficile découverte des mots et des phrases pour dire le tout de l'être. C'est le λόγος qui « coule » ; pas une logique constituée, mais l'entre-deux du réel et du rationnel en tant que les mots y cherchent la pureté et la plénitude de leurs sens. Je viens de montrer comment l'inquiétude des mots vides peut trouver le calme provisoire, le temps d'une phrase, et comment l'analyse même des mots peut s'avérer créatrice (la découverte du « même »). De nombreux travaux excellents ont montré comment, en général, la plasticité de l'expression y est constamment en jeu[2]. Or, lorsque Heidegger montre pourquoi il pense que le λόγος de la *Science de la logique* referme la question de l'être, il interprète le λόγος hégélien comme un système

---

1 WL I, p. 113 / 80.

2 *Cf.* en particulier Jean-Luc Nancy : *La remarque spéculative. Un bon mot de Hegel*. Cf. également Werner Marx : *Absolute Reflexion und die Sprache* ; Gérard Lebrun : *La patience du concept* ; Jacques Derrida : « Le puits et la pyramide : introduction à la sémiologie de Hegel » (*Marges de la philosophie*) ; Christophe Bouton : « L'épitaphe et le tombeau : imagination et raison dans la *Psychologie* de Hegel » (*Philosophie* n° 52) ; Catherine Malabou : *L'avenir de Hegel. Plasticité, temporalité, dialectique*.

de « simples formes de la pensée » fondée sur la certitude de soi de la conscience de soi[1]. Ainsi il oblitère le fait que Hegel cherche à faire ressortir la pensée depuis les mots de la langue naturelle, au lieu d'utiliser le langage comme simple chiffre d'idées pures. Escamotant ainsi la question hégélienne de la présentation, Heidegger écarte également la possibilité d'examiner le devenir caractéristique du λόγος.

En réalité, même si Hegel part de l'expression de l'être et Heidegger de son phénomène originaire, leurs conceptions du rapport entre l'être et le λόγος se croisent.

1. Hegel et Heidegger conçoivent l'être suivant le principe aristotélicien selon lequel le λόγος est « ce qui se dit de l'être » en tant qu'il se dicte à partir de lui-même et ne s'exprime jamais de manière formelle. Que ce soit le κατηγορεῖν en vue de « proposer » l'être, ou l'ἀποφαίνεσθαι en vue de le montrer, c'est toujours l'être lui-même qui se dicte à partir de lui-même. Les expressions (*Aussage*, *Ausdruck*) du sens / de la signification de l'être ne dépendent jamais de la logique formelle.

2. Hegel et Heidegger trouvent dans l'expression de l'être une différence pure ou originaire. Chez Hegel, elle se situe dans les « tautologies » exprimant l'être et le néant dans leur pureté et obligeant à penser une différence réelle parce qu'initiale et pourtant inidentifiable comme telle. Chez Heidegger, nous trouvons deux versions d'une différence originaire : la différence ontologique et la différence résidant dans l'*énoncé* (*Aussage*) en tant qu'il dit l'étant *comme tel*. La différence ontologique en tant que « rien entre l'étant et l'être » ressemble à la différence entre l'être et sa pureté (ou entre le néant et sa pureté) : il n'y a rien entre l'être et sa pureté (la « pureté » *est* le *rien entre* l'être et lui-même) et pourtant ce « rien entre » est le commencement

1 HPM, p. 22-24, *cf. Colloquium über Dialektik*, p. 15.

d'une pensée de l'être. La différence de l'énoncé est le *comme* (*als*) qui dit que l'énoncé énonce la chose comme telle. De là, nous voyons que dans ses « tautologies », Hegel cherche lui aussi à énoncer l'être « comme tel » : « l'être, pur être ».

Cependant, Hegel et Heidegger examinent la possibilité d'une différence originaire ou initiale dans deux sens divergents. Heidegger ouvre la différence ontologique, ainsi que le *comme*, entre deux modes d'être différents : la différence s'ouvre entre l'être et l'étant ou entre l'étant et l'énoncé. Hegel, au contraire, *exprime* la différence à même l'énoncé et finit par la *nommer* le « même ».

3. Hegel et Heidegger relient la différence imperceptible de l'expression de l'être à la possibilité de dire le *même*. Parce que Heidegger situe sa différence entre deux modes d'être différents, le « même » reste indicible : selon lui, l'énoncé est vrai lorsqu'il dit qu'il est le même que la chose, et que la chose est même qu'elle-même, mais la mêmeté elle-même n'est que le fait que l'énoncé est gardé comme vrai. Parce que Hegel situe sa différence d'ores et déjà à même l'expression, il peut *dire* la mêmeté dans la proposition (*Satz*).

Pour Hegel, le savoir pur n'est ni l'être pur ni la proposition : il naît *entre* eux, entre le réel et le rationnel, entre le mouvement de vie et celui de la présentation. Le savoir pur ne peut se contenter de l'aveuglement de la négativité du réel ni de la calme présence du rationnel : son devenir est la critique incessante de l'un par l'autre. Le savoir pur est cet effort d'installer l'instabilité du passage. Son devenir, ce qui « coule », est ce mouvement incessant.

Pour Heidegger, l'essentiel de la pensée d'Héraclite n'est pas le πάντα ῥεῖ mais le feu et le πόλεμος. Or, un certain πόλεμος est également le cœur du devenir du savoir absolu hégélien. Ce πόλεμος s'est déjà laissé pressentir dans le *rien-entre* donnant à penser l'être et le néant, et ce rien s'est laissé dire comme le *même*. Par la suite, le savoir pur cherchera à parler de ce « même » en spécifiant la *différence* qui écarte l'être de lui-même. Dans ce qui suit, j'examinerai donc la différence selon Hegel en deux sens : d'abord en ce qu'il détermine l'être comme le *Dasein*, puis en tant qu'il détermine le même comme le pur rapport transcendantal. Dans le chapitre suivant, je montrerai donc ce qu'est, pour Hegel, l'*autre* caractéristique de la logique de l'être, et examinerai dans le chapitre cinq le *semblable*, le *différent*, le *contradictoire* et le *phénoménal* caractéristiques de la logique de l'essence.

4. Éléments de la finitude : l'être-là et l'autre

Nous avons vu comment chez Hegel, contrairement à ce que disait Heidegger, l'être pur n'est pas « posé ». L'être posé et déterminé s'appelle chez lui *être-là* (*Dasein*). L'être-là hégélien est le domaine des étants et de leur interaction : le « concret en soi »[1] qui préfigure la totalité de l'étant. Il n'a donc rien à voir avec le *Dasein* heideggérien, qui est l'humain au milieu de la totalité de l'étant. Le passage hégélien de *l'être* à *l'être-là* ne se présente pas non plus comme une version de la différence ontologique : la problématique est analogue mais l'issue inverse, dès lors que la rationalité hégélienne décrit la naissance de l'étant depuis l'être, alors que la phénoménologie heideggérienne décrit l'expérience de l'être depuis l'étant. La notion hégélienne d'être-là est intéressante ici dans la mesure où elle

1 WL I, p. 130 / 118, les citations suivantes seront faites à la 2ème édition traduite par Jankélévitch.

jalonne le concept hégélien de *finitude*, qui est au centre de la critique heideggérienne de Hegel[1]. Heidegger se présente comme penseur de la finitude contre Hegel, qui relèverait (*aufheben*) la finitude dans l'infinitude, laquelle serait l'élément propre de sa pensée[2]. Mais la conceptualité hégélienne ne permet pas en fait une distinction aussi tranchée entre finitude et infinitude.

Sans entrer dans la dialectique de l'être-là, j'en extrais deux traits qui ébranlent la distinction heideggérienne. Premièrement, l'être-là selon Hegel est la déterminabilité en général de ce qui est. L'interprétation heideggérienne de l'être hégélien comme immédiat indéterminé s'applique moins à l'être qu'à l'être-là, car l'être-là est la déterminabilité en général de ce qui est. Pour le dire brièvement, l'être-là est l'être comme plénitude du sens. Comment articuler le sens *propre* de l'être sans trahir sa plénitude ? Dans un premier temps, il est impossible de dire *ce qu'est* l'être pur. Quoi qu'on dise, on dit ce qu'il *n'est pas* : on le *limite*. Mais cette limitation est une détermination plus juste de l'être-là que l'abandon de l'être dans l'indicibilité[3]. Que la détermination soit une simple négation formelle ou une propriété positive (*Eigenschaft*), elle qualifie déjà la chose et permet de la désigner comme quelque chose. Certes, la chose déterminée par ce qu'elle n'est pas « n'a pas son être-là en lui-même » : elle ne peut pas *être* ce qu'elle *a* en propre (sa détermination, p. ex. une propriété).

1 GA 32, p. 55.

2 *Ibid.*, *Cf.* GA 15, p. 290, 315 / Q III-IV, p. 376, 403 ; GA 28, p. 231.

3 Le passage de l'être pur à l'être-là comme domaine de la limitation correspond, historiquement, au passage de ἄπειρον à πέρας ou du *chaos* originaire aux étants limités et formés. Le rôle de la limitation dans une pensée de la totalité de l'étant aurait cependant été le mieux saisi par Spinoza – d'où « l'importance infinie » du principe *omnis determinatio est negatio*. Aussi pour la suite, voir WL I, p. 121-123 / 109-112.

D'autre part, la chose se détermine déjà comme *négation de la négation*. Le quelque chose (*Etwas*) est sa *différence* d'avec ce qui le limite, en tant que cette différence est comprise comme lui appartenant et lui étant inhérente. D'autre part, il est son retour sur soi depuis la différence, enrichi par elle. Le quelque chose hégélien est un retour sur soi : ni une persistance dans la *quiddité* propre mais indicible, ni une perte de la *quiddité* dans des propriétés dicibles mais étrangères, mais une acceptation du fait qu'on ne puisse parler du soi que par rapport à ce qui est étranger. Le quelque chose est constitué par l'écart logique de *différence* et par l'écart dynamique de *retour*, et c'est comme différence-et-retour qu'il peut *se maintenir*. Dans ce double mouvement il est facile de reconnaître la structure de la subjectivité qui caractérise dans la *Logique*, non pas la conscience observante, mais l'être même.

Le quelque chose se détermine par rapport à *autre chose* (*ein Anderes*). Consistant en choses qui sont autres les unes par rapport aux autres, l'être-là est pour Hegel *multiple*. L'être est un ; la philosophie comme totalité comprise des rapports reliant les choses est également une ; mais les choses en tant qu'elles sont là – en tant qu'elles existent – sont nombreuses. Cette multiplicité des choses constitue le domaine de la *finitude*. Ainsi la mêmeté caractéristique de l'être et de sa pensée cherche sa vérité dans l'altérité caractéristique de l'être-là. L'altérité de la *Logique* traduit d'abord la multiplicité pure du réel. En lui, le quelque chose et l'autre sont tout à fait pareils, et il est indifférent lequel on prend comme point de départ dont on peut dire : « ceci »[1]. D'autre part, l'altérité de l'autre n'est rien d'autre que la possibilité d'un rapport au quelque chose : c'est un rapport absolument simple dont on sait seulement que ses termes ne sont *pas mêmes* mais *autres*. On ne peut imaginer une

1 WL I, p. 125-126 / 113-114, tr. Jankélévitch.

chose plus autre que cela sans abandonner la possibilité en général du rapport. Le mot « autre » désigne un *rapport* et non pas une chose étant-dans-soi (*insichseiend*) ; c'est un rapport minimal, simple nom du fait que dès qu'il y a rapport, il se trouve *entre* plus d'un.

La discrétion et la dispersion des choses les unes par rapport aux autres est le caractère fondamental de la *nature*. La nature est τὸ ἕτερον par excellence : l'altérité – la discrétion et la dispersion – est son essence même, « sa qualité consiste justement à être autre par rapport à soi, à être l'étant-hors-de-soi (dans des déterminations de l'espace, du temps et de la matière) »[1].

L'être-là, en particulier comme nature, est le domaine de la finitude. Est fini (*endlich*) ce qui se constitue par rapport à sa fin (*Ende*) ; mais nous devons nous garder de nous laisser aller ici dans le jeu polysémique de la *fin* et de la *Ende* plus que ne le fait Hegel. La fin d'un être fini n'est ni son *terme* (*Ende* au sens de sa disparition) ni son *but* (*Zweck* au sens de *τέλος*) : la « fin » de la chose, la source de sa finitude, est sa *limite* (*Grenze*) et sa *borne* (*Schranke*). La limite de la chose est une « limite immanente »[2] : non pas son contour mais plutôt son cœur, source de sa négativité propre[3]. Ce cœur n'est pas ponctuel car il est l'écart *entre* le quelque chose et l'autre, leur *entre-deux* devenu leur *différence commune* et, en tant que tel, le *commencement* de la chose[4]. Le quelque chose n'est rien en soi, car son « soi » le plus intime est son rapport à l'autre ; et pourtant, dans la mesure où la limitation (par l'autre) est interne, elle

1 WL I, p. 127 / 115, tr. Jankélévitch, *cf.* Enz II, § 253-254, p. 41 / 193.

2 WL I, p. 139 / 128, tr. Jankélévitch.

3 Comme la limite hégélienne, le « trait » ou « tracé » *Riß* (πέρας) selon Heidegger est la limite interne de la chose (EM, p. 46 / 70 ; HW, p. 68 / 94). Les deux interprétations de la limite ne coïncident cependant pas, car Heidegger parle de l'apparaître et Hegel de la détermination.

4 WL I, p. 137 / 126, tr. Jankélévitch.

est le rapport de la chose à elle-même. La chose est (existe), mais n'est rien (de déterminable) hormis son rapport à son autre. Le quelque chose est son rapport à son propre défaut : comme telle, la chose finie se heurte à sa limitation et tend donc à la dépasser. La chose est cette inquiétude, une incessante sortie hors de soi. Contrairement à Heidegger, Hegel détermine donc la finitude par rapport à une altérité effective et non par un rien intérieur : ce qui aura des conséquences notables dans la pensée de l'existence et de la communauté humaines.

Comment cette conception de la finitude se rapporte-t-elle aux critiques émises par Heidegger et certains de ses successeurs ?

Premièrement, nous voyons bien que, et pour Hegel et pour Heidegger, la finitude caractérise l'existence, bien que dans un cas il s'agisse de la finitude des choses multiples en général et, dans l'autre, de la finitude de l'existence humaine et, par là, de l'être. Mais la définition de la finitude est différente dans les deux cas : pour Hegel, la finitude tient à la multiplicité et à l'altérité que celle-ci implique, alors que pour Heidegger, elle caractérise tout d'abord l'existence propre du *Dasein* sans rapport à d'autres *Dasein* ou choses. La finitude hégélienne se dit en termes de rapport à l'autre, alors que la finitude heideggérienne se dit en termes de néant. Nous venons de voir que Hegel n'ignore nullement le néant qui creuse tout ce qui *est* ; mais le néant ne *détermine* pas la chose ni ne la distingue d'une autre. En revanche, on peut être tenté de dire que Heidegger fait abstraction de la façon dont l'autre détermine le *Dasein,* du moins dans sa pensée de l'être-avec. D'autre part, comme nous l'avons vu lors de son analyse du πόλεμος, sa conception du « tout » comme monde contient une pensée de la co-présence des étants-présents qui se font réciproquement présents : ces étants sont trop complexes pour que leurs rapports puissent se résumer à une simple altérité formelle ; mais toujours est-il que leurs essences sont profondément déterminées par leurs « autres » – comme dans la logique hégélienne de l'être-là.

Deuxièmement, depuis Bataille ou Lévinas, il est de coutume de critiquer la notion hégélienne d'altérité d'un manque de radicalité : infiniment capable d'identifier l'autre au même, le sujet hégélien ne saurait pas penser la perte et le retrait caractéristiques de l'altérité « radicale ». Mais cette altérité radicale n'a de sens que par rapport à l'expérience[1], qui se constitue en effet par rapport à l'impossibilité de saisir le tout de ce qui s'offre à l'expérience[2]. Dans sa logique de l'être-là, Hegel n'examine pas une expérience, et l'altérité ne s'offre pas à un « moi », mais n'est qu'un « ceci » par rapport à un autre « ceci ». Il est également vain de critiquer Hegel d'une égalisation de l'un et de l'autre dans la circonspection d'un tiers, comme le fait Lévinas, car Hegel rejette explicitement ce point de vue. Seule la « réflexion extérieure » voit le quelque chose et l'autre comme infiniment *comparables*, or elle ne peut pas établir

1 La « radicalité » de l'altérité lévinassienne, par exemple, n'est possible que parce que l'Autre apparaît du point de vue d'un « moi » qui est le sujet de l'expérience ou de la rencontre avec l'autre (*Cf.* Lévinas, *Totalité et infini*, p. 25, 214 et le commentaire de Jacques Derrida « Violence et métaphysique » dans *L'Écriture et la différence*).

2 La position de Heidegger dans le débat sur la « radicalité » de l'altérité hégélienne est ambiguë : d'une part, son idée du retrait et du don de l'être a inspiré l'idée que quelque chose échappe à l'appropriation de son autre par le sujet, mais, d'autre part, lui-même ne critique pas la conception hégélienne de l'altérité comme telle mais se demande au contraire pourquoi, pour Hegel, la source de la négativité absolue est l'autre (comme négation de négation) et non pas le néant (GA 68, p. 18-19). Malgré les apparences, l'« altérité radicale » et le retrait de l'être ne coïncident pas, au sens où, autant pour Hegel que pour Heidegger, l'être n'appartient pas à la sphère de l'altérité mais à la sphère du même : *l'être n'a pas d'autre ni n'est autre* mais est le *même* que le néant.

une véritable différence entre les deux, car la comparaison de la réflexion extérieure est l'élément homogène par excellence. Au niveau de l'être-là, les choses sont autres les unes par rapport aux autres comme le sont les existants par rapport aux autres : l'existence est discrète. L'être-là hégélien n'est pas la vision phénoménologique d'un sujet plus ou moins fini : il ne naît pas de la réflexion *par* un sujet mais comme auto-réflexion de la chose même.

Troisièmement, le cœur de la critique heideggérienne de la conception hégélienne de la finitude est son *Aufhebung* dans l'infinitude du sujet absolu. La puissance de cette critique est liée à l'ambiguïté de l'*Aufhebung*, où on peut autant souligner la suppression que la conservation de ce qui est *aufgehoben*.

Mais dans quel sens la finitude hégélienne serait-elle « supprimée » par l'infinitude ? Si la chose finie sort d'elle-même, c'est pour atteindre l'infinitude. L'infinitude n'est pas l'*autre* de la finitude, tel un autre lieu[1], mais son *affirmation*. Lorsque la chose bute contre sa limitation, elle n'aspire pas à quelque chose qui serait par-delà sa limite mais devient seulement insatisfaite de son propre être-limité[2]. Son insatisfaction est celle de sa détermination (jamais déterminée), qui (toujours à déterminer), *doit* être trouvée[3]. Du point de vue d'une mauvaise infinitude, la détermination demeure quelque chose qui, *devant* seulement être, reste en souffrance ; mais du point de vue de l'infini véritable, c'est l'activité même de déterminer qui est déjà l'infinitude.

---

1 WL I, p. 155 / 144, tr. Jankélévitch.

2 « Pour que la limite, étant inhérente au quelque chose, soit une limitation, il faut que le quelque chose *dépasse* la limite en lui-même, s'y rapporte intérieurement *comme à un non-existant*. [...] Et comme la limite, d'après sa détermination même, est limitation, on peut dire que le quelque chose se dépasse lui-même. » (WL I, p. 143 / 132, tr. Jankélévitch, modif.)

3 WL I, p. 143-144 / 132-133, tr. Jankélévitch, modif.

L'infinitude hégélienne est le fini en tant que, à même son auto-dépassement, il est auprès de soi.

Si, chez Heidegger, le monde est caractérisé par un *il en est ainsi* qui assume la factualité, chez Hegel, nous trouvons une pensée très analogue que *tout est là*[1]. L'être infini n'est pas autre *chose* que l'être fini : il est *tout* ce qui « *est* et *est là*, présent et actuel ». Tout ce qui se trouve là désire être déterminé, et l'infini n'est pas une détermination définitive atteignable dans quelque au-delà des pensées pures, mais ce désir, qui n'a lieu que dans les êtres finis eux-mêmes, suscitant leur réflexion infinie. C'est en tant que cette inquiétude du désir de détermination que ce qui est là est le *tout*. Lorsque le désir s'affirme comme désir, lorsqu'il s'élance vers la satisfaction, tout devient infini : le savoir pur est infini en tant que ce désir et cette puissance.

Ainsi, les pensées hégélienne et heideggérienne se croisent au sujet de la finitude. Comme le dit J. Taminiaux, l'absolu hégélien est la finitude voilée[2] ; ou la finitude de l'être selon Heidegger ne se termine dans aucune limite mais, comme le dit A. Sell, cherche l'infinitude dans le fini[3]. Leurs définitions de la finitude et de l'infinitude ne coïncident pas mais leurs vues sur la totalité le font. Chacun

---

1 « Cet infini, comme un être-retourné-dans-soi (In-sich-zurückgekehrtsein), son propre rapport à soi-même, est l'*être*, mais non l'être abstrait, sans détermination, car il est posé comme niant la négation. Il est donc aussi *être-là*, car il contient la négation en général et, par conséquent, la détermination. Il *est* et il *est là*, présent, actuel (es *ist* und es *ist da*, präsent, gegenwärtig). Seul le mauvais infini est l'au-delà [... lequel...] *doit* justement ne *pas* être *là*, doit être inaccessible. Mais cette inaccessibilité constitue, non sa grandeur, mais son manque [...] Seul ce qui n'est pas vrai est inaccessible, et il est facile de voir qu'un pareil infini n'a rien de vrai. » (WL I, p. 164 / 152, tr. Jankélévitch, modif.)

2 J. Taminiaux : « Heidegger et Hegel à l'époque de l'ontologie fondamentale ou d'une ontologie fondamentale à l'autre », p. 404.

3 A. Sell, *Martin Heideggers Gang durch Hegels Phänomenologie des Geistes*.

porte le regard sur le monde factuel et, comme tel, fini ; et la « dialectique » ou le « διαφερόμενον » est le rapport constitutif de cette totalité. Je ne pense pas qu'on puisse dire, comme ne cesse de le faire Heidegger, que Hegel supprime ce rapport en le relevant dans l'infinitude de la pensée. Autant dire qu'il interromprait la réflexion entre les choses du monde au profit d'une pensée définitive qui ne se soucie plus d'elles. Au contraire, la dimension même de la pensée est l'*écart* entre les choses que la réflexion – leur réflexion reflétée dans la pensée du monde – ne cesse de traverser.

Il ne semble donc pas qu'on puisse distinguer Hegel et Heidegger parce que l'un choisirait l'infinitude contre la finitude choisie par l'autre. En revanche, ils cherchent la finitude de deux mondes réellement différents, car le monde fini hégélien est tout d'abord la *nature*, alors que le monde ouvert par le « jeu des quatre » heideggérien est le monde *historial* d'une humanité. Au titre d'une pensée de l'infinitude, Heidegger rejette en réalité toute pensée de la nature, qu'il prend pour un simple avatar de la conception mathématico-technique du monde. Je montrerai ailleurs pourquoi cette vue sur la *Naturphilosophie* est fausse, et pourquoi le rejet heideggérien de la philosophie de la nature se répercute comme un oubli de la nature dans sa propre pensée, où la nature n'est qu'un pan obscur de la terre, qui serait prioritairement l'élément natif des mortels (à savoir leur « culture »)[1].

---

1 Dans *Chant de la terre*, M. Haar épingle un semblable oubli de la terre an-historiale dans Heidegger.

5. Naissance de l'essence

Si Hegel ne pose pas l'être depuis une détermination préalable, l'être-là finit cependant par produire sa détermination. Déterminé, l'être est l'*essence* : « la *vérité* de l'*être* est l'*essence* »[1]. L'être « reste »[2] dans l'essence comme « être intemporellement passé » ou « souvenir ». L'essence comme *reste de l'être* entame la logique hégélienne de l'apparaître, qui ressemble à la logique heideggérienne de l'apparaître comme *retrait de l'être*[3], dans la mesure où les deux décrivent l'écart mais non la séparation entre l'être et l'apparaître.

Heidegger n'admettrait certes pas cette proximité. Sa thèse sur l'onto-théologie fonde la totalité hégélienne de l'étant sur une *cause* (Dieu) logiquement séparée du monde. En interprétant la logique de l'essence comme une explication avec l'héritage platonico-aristotélicien[4], il pense que Hegel prend l'ἰδέα pour modèle de la connaissance et l'ἐνέργεια pour la pure activité du savoir[5]. La dialectique hégélienne serait fondée sur la κοινωνία εἶδῶν[6], et son πόλεμος ne serait que conflit des idées et des déterminations de pensée. Ainsi, l'essence hégélienne se

1 WL II, p. 12-13 / 1-2. Contrairement à Labarrière et Jarzyk, je traduis *Erinnerung* par « souvenir », comme le fait Lefebvre dans sa traduction de la *Phénoménologie*.

2 WL II, p. 19 *sq*. / T. II, p. 11 *sq*.

3 Dans le « Colloque sur la dialectique », Fink se demandait si l'apparaître hégélien ne relèvait pas de l'être de l'étant. Heidegger l'admit, mais rajouta aussitôt que « chez Hegel l'apparaître de l'apparaissant advient dans l'essence, et c'est elle précisément la subjectivité ». (*Op. cit.*, p. 19 / 15.) Mais la logique hégélienne de l'essence ne se définit pas comme subjectivité.

4 Interprétation rapportée par Gadamer dans « Hegel und Heidegger », p. 98-99.

5 WM, p. 431-432.

6 « Colloque sur la dialectique », p. 15 / 11.

détacherait de l'être et s'instituerait comme réalité idéale autonome.

Cependant pour Hegel, l'essence n'est pas *l'autre de l'être*. Elle n'est pas une réalité supérieure : ni le producteur de l'être effectif ni le modèle hyper-ouranique des choses finies. La logique de l'essence ne contient pas des *figures* de la raison, que ce soient des modèles ou des représentations des choses. Elle étudie les *actes* de rationalité qui configurent les choses. C'est la rationalité propre de l'essence et non pas la raison humaine : la schématisation de l'être peut être secrète et inconsciente *pour nous*, tout en étant manifeste dans les choses, qu'elle amène à l'apparaître. Dans un premier temps, dans la logique des « déterminations de réflexion », Hegel examine cette activité à travers une critique interne de nombreux concepts classiques (semblable, identique, différent, contradictoire, fondement, etc.)[1] Ainsi, il fait venir au jour le faire du savoir pur en tant qu'il *réfléchit*, *propose*, *pose* et *fait venir au jour* la chose en soi-même : opératoires plutôt que thématiques, ces termes désignent différents modes de l'activité du savoir pur. Ils montrent l'essence comme la *naissance* de la chose en soi-même depuis soi-même.

---

1 L'approche de Hegel reflète la *Métaphysique* d'Aristote. En définissant la métaphysique comme la science de l'*Être en tant qu'être* (*Mét.* 4,1, 1003 a) où l'*Être se prend en plusieurs acceptions*, Aristote établit que cette science étudie autant l'Être que l'Un, qui sont identiques et de même nature (*Mét.* 4, 2, 1003 b). Dans la *Science de la logique*, le passage de la « Doctrine de l'être » à la « Doctrine de l'essence » correspond au passage de l'Être à l'Un. Pour Aristote, l'identique (τὸ ταυτο) et le semblable (τὸ ὁμοίων) sont des espèces de l'Un (*Mét.* 4, 2, 1003 b). Hegel étudie le « même » en analysant d'abord la logique du *semblable* puis la logique de *l'identique*. « L'essence comme réflexion dans elle-même » passe en revue toutes les notions qu'Aristote présente dans le chapitre cité et le chapitre suivant, en tant que découlant de la notion de l'Un : le Multiple, la Contrariété, la Contradiction, la Négation, le Dissemblable, l'Inégal, etc.

Comment la chose en soi-même vient-elle au jour selon la section « L'essence comme réflexion dans elle-même » ?

Apparence. Pour Hegel, « *l'être est apparence* »[1]. Si « l'essence sort de l'être »[2], ce n'est pas en se séparant de lui, constituant un domaine autonome de vérité idéale. L'essence n'est pas *l'autre* de l'être mais le *même* que lui, et il s'agit de comprendre leur mêmeté. L'être reste dans l'apparence, et c'est en apparaissant qu'il se donne à penser. Comme Heidegger, Hegel considère donc que l'être est dans sa façon de se montrer.

Réflexion. L'apparence, par définition apparence de…, pose pour Hegel immédiatement la question de la réflexion[3]. Pour Heidegger, le phénomène n'est précisément pas une réflexion, et dans « Identité et différence » il récuse expressément l'interprétation de l'identité (*Selbe*) par *Gleichheit*, qui est l'objet de la logique hégélienne de la réflexion[4]. On traduit couramment *die Gleichheit* par « égalité », mais je préfère sa traduction par « semblable », en référence à *simul*, pour faire mieux ressortir l'origine platonicienne du problème que se pose ici Hegel[5]. La logique de la réflexion est le règne des apparitions, apparences, images, idées, phénomènes

1 WL II, p. 19 / 11.
2 WL II, p. 17 / 9, tr. modif.
3 WL II, p. 23-24 / 16-17.
4 ID, p. 9-10 / 257.
5 Hegel ne se réfère ici directement qu'à Kant. À l'évidence, Hegel étudie cependant le problème aristotélicien de l'Un selon sa première espèce — le semblable (τὸ ὁμοίων). L'analyse de *die Gleichheit*, *der Schein* et *die Reflexion* ne porte pas encore sur des problèmes proprement logiques (de type A égale A) mais sur la question de l'être et de la réalité de l'apparence. Ces problèmes remontent à Platon plus encore qu'à Aristote ; et Platon est également une référence majeure de l'analyse kantienne des idées transcendantales commentée ici par Hegel.

et simulacres[1]. Derrière la critique hégélienne des philosophies modernes séparant l'être et son apparaître, et derrière son exigence de porter l'attention sur leur synthèse, on entrevoit l'ancien problème platonicien concernant la *participation* des idées aux choses. Ainsi, sans le dire expressément, Hegel étudie la réflexion de la chose alternativement dans son idée (εἶδος) et dans son simulacre (εἴδολον). En rejetant le problème de la réflexion, Heidegger rejette donc toute la question de la μίμησις comme lien entre l'image et son origine[2].

Dans la *Logique* hégélienne, la ressemblance est la première version de la mêmeté retrouvée depuis le dépassement de l'altérité caractéristique de l'être-là. L'essence est la « ressemblance simple avec soi-même »[3]. L'analyse hégélienne consiste à montrer les paradoxes de la réflexion en tant qu'elle n'est que simulation. Partant, la réflexion vise à identifier la chose en la mirant dans son semblable. Mais par définition, le semblable n'est pas le même. Pour le

---

1 Dans l'*Encyclopédie*, Hegel rappelle que le terme « réflexion » s'applique d'abord à la lumière en tant qu'elle redouble l'étant dans son image (Enz I, § 112, Add, p. 232 / 547) : « […] le point de vue […] de la réflexion ; nous voulons voir alors la chose en quelque sorte en double. » (Enz I, § 121, Add., p. 248 / 555). Dans la *Philosophie de la nature* de l'*Encyclopédie*, Hegel définit la lumière comme « *pure identité* d'elle-même avec elle-même, en tant qu'unité de la *réflexion-en-soi* » (Enz II, § 275, p. 111 / 230). Par là, la lumière est le « pur manifester qui n'est rien d'autre qu'un *manifester* » (Enz II, § 276, p. 231 / 117). Nous ne nous représentons pas la matière (qui est l'être simple de la nature) ; la lumière *est* sa manifesteté. Cette manifesteté s'articule comme simple être-hors-de-soi selon lequel les choses se montrent égales en soi et égales les unes par rapport aux autres, sans que la constitution des *formes* qui permettent l'individuation soit encore possible. La logique de la réflexion de la grande *Logique* porte précisément sur cette égalité insaisissable que diverses théories de l'image ne peuvent surmonter.

2 De nombreux auteurs ont signalé ce rejet dans Heidegger (sans pour autant se référer spécifiquement à Hegel) : p. ex. Klossowski, Deleuze, Derrida et Lacoue-Labarthe.

3 WL II, p. 18 / 9, tr. modif.

dire brièvement, la chose qui se cherche dans son semblable n'y voit que son simulacre : comme celui-ci est sa seule vérité, la chose elle-même finit par n'être qu'un simple semblant d'elle-même. Ainsi la réflexion est « *le mouvement de rien à rien et par là à soi-même en retour* »[1]. La réflexion montre qu'on ne peut pas identifier la chose à un des *pôles* de la réflexion. En revanche, le *mouvement* de la réflexion est indispensable, car il montre la chose comme nécessaire détour par l'autre et retour sur soi[2].

Identité et différence. Par définition, l'essence est déterminée[3], et le désir de déterminer la chose est le désir de l'*identifier*. Comme la réflexion, en montrant le caractère de semblant de toute apparence, n'atteint que des images instables, il faut examiner d'autres principes de détermination. Dans la logique des « déterminations de réflexion », Hegel examine alors les déterminations accordées par le *langage*. Il part du λόγος logique articulé dans des « lois de la pensée », en particulier les principes de l'identité et du tiers exclu, mais son analyse est en réalité une critique de l'abstraction de ces lois au nom de l'exigence du sens discursif et proprement langagier : l'expression de la chose doit pouvoir faire sens, en dernière instance dans la communauté humaine[4]. La chose n'est donc pas identifiée comme ensemble des lois logiques mais comme discours faisant sens. En rabattant le λόγος hégélien sur le simple λόγος

---

1 WL II, p. 24 / 18.
2 WL II, p. 27 / 22.
3 WL II, p. 35 / 34.
4 Pour Hegel, le λόγος signifie, selon son « beau double sens », à la fois raison et langue, « car la langue est la pure existence de l'esprit ; elle est une chose qui se retourne sur elle-même lorsqu'elle est conçue dans la raison. » (VGP III, p. 1067-107 / T. VI, p. 1335, tr. modif.) Koyré a raison de dire que la « langue [est la] seule incarnation du Logos que connaît Hegel » (Koyré, « La terminologie hégélienne », in *Études d'histoire de la pensée philosophique*, p. 199).

logique, Heidegger écarte son sens langagier pourtant fondamental ; en supprimant et l'image et le discours, il évince toute la question de la présentation, centrale pour Hegel.

Dans la *Logique de l'essence*, Hegel rend le λόγος par *Satz*, proposition[1] ; Heidegger s'y opposera en traduisant le λόγος par *Sage*, parole. Mais contrairement à ce que dit Heidegger, la *Satz* selon Hegel n'est pas « logique » : elle ne contient pas de copule ; elle n'est pas une équation ; elle n'est pas un jugement ; elle n'est pas un syllogisme. En revanche, elle est à l'origine d'une *phrase* ou d'un *énoncé*. Hegel examine ici des propositions vides et formelles comme A = A et A = non A. Au lieu d'affirmer leur évidence, comme dans la logique traditionnelle, il fait au contraire ressortir la contradiction contenue dans la « tautologie vide »[2] du « parler identique »[3]. Ces propositions formelles *ne disent rien*, alors que la raison d'être d'une proposition est de *faire sens*, de le *proposer* : elle se contredit si elle est vide. Certes, le sens est requis par la communauté des consciences, dans laquelle elle doit être *énoncée* par… et à… et elle doit *faire sens* à…[4] Mais le besoin de sens est inscrit déjà dans la forme de la proposition, qui montre qu'en se proposant, la chose se réfléchit déjà, que sa réflexion contient déjà sa différence d'avec elle-même, etc.

L'identité (et les différentes formes de la différence) n'est pas pour Hegel une *forme* de la pensée mais les *actes* dans lesquels l'identité est *produite*, *hergestellt*[5]. Heidegger a également interprété la conception métaphysique de la chose comme produit ou « pro-venant » (*Herstand*)[6]. Mais

1 WL II, p. 36-37 / 35-36.
2 WL II, p. 41 / 41.
3 WL II, p. 44 / 44, 46 / 46.
4 WL II, p. 43 / 44.
5 WL II, p. 39 / 38.
6 VA, p. 160-161 / 198-199.

Heidegger entend ce « produit » comme une configuration transcendantale stable, qu'il assimile au *Ge-stell*. Chez Hegel cependant, la production transcendantale par les déterminations de réflexion ne se stabilise jamais comme une configuration fixe : elle n'établit que sa propre activité infinie. Le pur produire transcendantal n'est pas un *Ge-stell*, et la *bildende Kraft* n'est pas de l'ordre d'une *Bild*. Par contre, la présentation dialectique du pur produire transcendantal peut se servir des « figures » : il n'y a pas de figure de la transcendance elle-même, mais le λόγος est l'élément des figures. Peut-être la simple possibilité de présentation suffit-elle pour que Heidegger considère la transcendance hégélienne comme une version du *Ge-stell* mais, dans ce cas, la seule façon pour éviter le *Ge-stell* serait l'abandon de la présentation...

Contradiction. Prises comme telles, les logiques de l'identité et de la différence sont aussi instables que la réflexion. La logique des déterminations de réflexion atteint une stabilité relative seulement dans la contradiction, qui est le véritable cœur de la *Logique*.

La contradiction ne peut plus être un rapport formel que des cas triviaux pourraient exemplifier (A=A, le tiers exclu[1]), mais elle surgit de cas ardus de la philosophie de l'esprit portant sur la vertu, le mal, la vérité, etc. Tout le contraire d'une tautologie vide, la contradiction *dit* quelque chose. Elle a un contenu parce qu'elle consiste en deux termes qui sont *indépendants* l'un de l'autre, en sorte que chacun est *libre* pour soi et reconnaît la liberté de son autre[2]. Libres en soi, les termes restent cependant liés, chacun soutenant et excluant son autre à la fois. La contradiction ne se maintient cependant pas. Elle est une crise de la pensée et

1 WL II, p. 73 / 79.
2 WL II, p. 65 / 70.

doit se dissoudre, *zugrundegehen*. En un sens, la contradiction s'effondre comme dans un « gouffre » (*Abgrund*), dans l'absence d'unité première qui pourrait rendre raison de la contradiction[1]. Mais ce « gouffre » fait également émerger un *fondement*, *Grund*, un terme qualitativement nouveau et imprévisible. Il n'est pas un troisième terme en regard duquel la contradiction serait indifférente. Il est au contraire la *chose* qui est la *source* de deux identités vraies *et* contradictoires ; pour ainsi dire le A que les propositions A = A, A = non A, etc. n'interrogeaient pas[2].

Pour Heidegger, cet effondrement de la contradiction dans son fondement signifie la suppression de la contradiction. Dans cette *Aufhebung* par excellence, Hegel dissoudrait les différences dans une « absolution » générale des conflits[3]. Contre cette réconciliation, Heidegger présente la transcendance comme un « trans-port » (*Austrag*) qui maintient les rapports conflictuels ouverts.

L'interprétation heideggérienne appelle sa contre-interprétation. Car il semble bien que la contradiction hégélienne, matrice de toute pensée dialectique, *maintient* la conflictualité au lieu de la supprimer, et lui permet même d'apparaître. Pour Hegel, la contradiction n'est pas un accident de pensée : elle articule la chose même et est la seule qui la donne à penser. D'un côté, la contradiction articule l'être étant-là, le *réel*, en tant que celui-ci n'est pas pour Hegel une substance inerte mais mouvement et vie. La contradiction « est la racine de tout mouvement et de toute vitalité ; c'est seulement dans la mesure où quelque chose a

1 WL II, p. 67 / 72.

2 WL II, p. 74 / 80-81. *Cf.* ID, p. 10 / 257-258. Selon Hegel *et* selon Heidegger, le problème de l'identité porte sur le sens de : *il y a A*.

3 Selon E. Fleischmann, Hegel présenterait la même critique vis-à-vis de Spinoza, chez qui « la substance n'est pas conçue comme activité productrice mais plutôt comme destruction, absorption des contenus (*absolu = ab-solvere*) » (E. Fleischmann, *La science universelle*, p. 205).

en soi une contradiction qu'il se meut, a une tendance et une activité. »[1] Le réel est vivant, et la vie est vie dans la contradiction[2]. De plus, la contradiction structure la rationalité qui permet au réel d'apparaître. La fameuse réconciliation de la contradiction n'est pas la réduction de propositions à un terme ultime mais l'ouverture de la dimension de la présentation, *Darstellung*, que seule la contradiction peut ouvrir. Si la pensée pure doit penser le *mouvement* (de l'être, de la pensée), et que la contradiction est le mouvement-qui-est-là, *die daseiende Bewegung*, alors « le *penser spéculatif* consiste seulement en ce que le penser maintient-fermement la contradiction et dans elle [se maintient] elle-même »[3]. La représentation contient les contradictions du réel mais ne le sait pas ; seule la présentation, qui permet aux contradictions d'apparaître à même le passage des représentations, peut laisser paraître le concept[4]. Le maintien des contradictions ne peut se faire que dans la *Darstellung*, dans laquelle la contradiction s'est effondrée en tant que contradiction des représentations, dépassée dans la présentation et maintenue en tant que nécessité de maintenir la contradiction entre représentation et présentation. Ce qui vient au jour enfin n'est donc pas la chose nue mais le λόγος en tant que débat et conflit des propositions contradictoires.

Fondement et existence. Ce qui permet néanmoins de penser la contradiction est le fondement. Notion particulièrement difficile dans la *Science de la logique,* parce que déconstruction des concepts traditionnels de cause et de raison en vue d'une pensée très différente du fondement, le fondement a pour but de relier l'être et l'essence dans l'existence phénoménale. Contre l'interprétation

1 WL II, p. 75 / 81.
2 Enz II, § 337 Zus. p. 338 / 553. *cf.* WL II, p. 481 / 295-296.
3 WL II,p. 76 / 83.
4 WL II, p. 77-78 / 84-85.

heideggérienne, qui rabat la pensée hégélienne sur une pensée assez simpliste de la *causa sui*, on constate tout d'abord que, en tout cas, le fondement examiné dans la logique de l'essence n'est pas une *causa* transcendante, substantielle ou formelle. Le fondement est purement et simplement l'*activité* réfléchissante antérieure : il n'est pas une forme mais une formation incessante, pas une fiction mais un pur fictionnement. La différence est capitale.

Sous le nom de fondement, le sens de l'activité transcendantale change, de sorte qu'elle ne réfléchit plus « horizontalement », entre des termes équivalents, mais « en profondeur », entre le monde existant et sa cause. Pour Hegel, l'être et l'essence sont un, et leur unité, l'être essentiel, est « *existence* ; un être venu au jour à partir de la négativité et de l'intériorité »[1]. L'existence est le monde lui-même, surgi de la réflexion négative et inconsciente des déterminations de réflexion et apparaissant ensuite en tant qu'existence, phénomène et effectivité. Mais comment l'être devient-il essence, comment l'essence arrive-t-elle à être ? Pour Hegel, aucun des deux termes n'est le fondement unilatéral de l'autre. L'être et l'essence sont « mêmes », mais cette mêmeté doit être produite. En tant que souvenir, l'essence s'élance vers l'être dont elle devrait dire l'essence ; en tant que reste, l'être surgit comme ce dont l'essence est la réflexion. Loin de découvrir la vérité l'un de l'autre, le mouvement d'être (surgir et disparaître) et le mouvement de l'essence (réflexion) coïncident dans l'existence phénoménale. Selon les termes de Hegel, leur coïncidence a sa productivité propre : elle *fait venir au jour la chose en soi-même* en tant qu'elle *existe* et se donne comme *phénomène*. Le mouvement de la chose est alors « un acte-de-venir-au-jour, le se produire simple vers l'existence »[2].

1 WL II, p. 124 / 145.
2 WL II, p. 121-123 / 140-142.

La venue à l'existence de la chose en soi-même est un moment particulièrement négatif, car elle se produit entièrement sous le signe de l'absence. Simple reste, l'être est comme absent. S'abandonnant dans son « souvenir » (dans la réflexion précédente), l'essence est ici un certain manque de présence à soi du savoir pur. La chose en soi-même vient au jour entre ces deux absences, comme par ruse et dans le dos du savoir dont le travail la prépare cependant. Ni l'être ni l'essence ne peuvent en droit expliquer le surgissement de la chose : elle les surprend, et pourtant elle ne peut surgir que depuis leurs syncopes. Il est instructif de se représenter cette « venue au jour de la chose » comme une *naissance* transcendantale. La naissance n'est pas pour Hegel une simple métaphore parmi d'autres, mais la figure même de la concrétisation du mouvement spéculatif[1]. La naissance est un saut qualitatif[2]. Elle est certes précédée par une gestation dans une intériorité négative : le ressassement inconscient dans l'*Er-innerung* de l'essence précède la chose comme la maturation de l'enfant dans le corps maternel puis à l'école précèdent son corps et son esprit. Indispensable, cette gestation est cependant incapable de *produire* la « chose ». Elle vient au jour par elle-même, en sorte que c'est *elle*-même, et non pas les conditions précédentes, qui s'affirment en tant que phénomène et existence. De la même manière, l'enfant peut « tout recevoir » – et pourtant il doit gagner sa liberté par lui-même[3], et par là créer son identité potentiellement inouïe. C'est ainsi que, chez Hegel, la chose de la pensée ne se déduit ni ne se fabrique, mais

1 *Cf.* PDG, p.18 / 34.

2 WL I, p. 440 / 341.

3 Dans la nature où il n'y a pas de liberté, la reproduction n'est que la répétition, mais dans l'esprit il en va différemment : en engendrant une nouvelle liberté, une liberté ne se reproduit pas à l'identique mais rend au contraire possible ce qu'elle n'est pas et ne peut même pas prévoir (VGP, p. 41 / 101-102).

naît comme une nouvelle possibilité de la liberté de la pensée, et vit comme sa naissance perpétuelle. La pulsation de la différence et de la contradiction ne sont pas comme la systole et la diastole du *cœur*, comme dans les *Âges du monde* de Schelling, mais elles sont comme les contractions douloureuses d'une *matrice* transcendantale qui désire mettre à jour le monde déterminé.

6. Le plus grand (dés)accord entre Hegel et Heidegger

La section « L'essence comme réflexion dans elle-même » de la *Science de la Logique* est au cœur du plus grand (dés)accord entre Hegel et Heidegger. Dans la mesure où Heidegger veut se confronter à la négativité comme point le plus central de la pensée hégélienne[1], ce développement centré sur la contradiction est certainement le lieu par excellence de leur confrontation. Nous ne disposons certes pas d'une lecture détaillée de ce texte par Heidegger, mais nous savons qu'il l'a très bien étudié et nous en trouvons un condensé dans *Identité et différence*[2]. La première des conférences réunies sous ce titre, « Le principe d'identité », paraphrase pas à pas l'analyse hégélienne des déterminations de réflexion : bien que Hegel ne soit nommé qu'une seule fois[3], son texte transparaît constamment sous celui de Heidegger[4].

---

1 *Cf.* ch. 1 de La négativité.

2 Dans son site sur Heidegger, Daniel Fidel Ferrer rapporte que, selon Otto Pöggeler, Heidegger a emprunté pendant des années l'édition originale de la *Doctrine de l'essence* au Hegel-archiv. En 1955/1956 il a donné un séminaire sur ce sujet dont le manuscrit n'a pas encore été publié. Mais *Identität und Differenz*, paru un 1957, résume certainement ces travaux.

3 ID, p. 12 / 259.

4 Des similitudes directes : le point de départ est une proposition (*Satz*) et, d'abord, A=A (ID, p. 9 / 255) ; elle est analysée selon *die*

Tout en paraphrasant Hegel, Heidegger vise avant tout à s'en démarquer. Comme nous l'avons déjà vu, il critique la façon hégélienne d'examiner l'identité et la différence « horizontalement », en fonction de l'Un ou du Tout. Il propose en revanche de penser l'identité « en profondeur » dans la différence ontologique. La « Dif-férence » (*Unterschied*) règne alors entre la « survenue » de l'être dans l'étant et « l'arrivée » de l'étant dans l'être, en sorte que le rapport entre la survenue et l'arrivée s'appelle la « conciliation » (*Austrag*)[1].

Mais l'opposition entre les deux pensées est moindre que ne le laisse entendre Heidegger. Hegel ne nomme certes pas la différence ontologique. Mais il examine l'apparaître de l'être dans l'existence depuis le double mouvement de la restance de l'être et du souvenir de l'essence, dont la coïncidence fait survenir l'existence. Toute son analyse de l'essence demande comment l'être apparaît dans sa propre

Gleichheit (ID, p. 9 / 255) et la tautologie (ID, p. 10 / 255) ; l'analyse de la proposition devient l'analyse de ce qu'elle *veut dire* (p. ex. ID, p. 10 / 255, 13 / 260). Même l'exemple « la plante est une plante » vient à Heidegger du texte hégélien (ID, p. 10 / 255, *cf.* WL II, p. 43 / 44). Une opposition claire, mais non adressée nommément à Hegel, est effectuée contre lui dans l'analyse de la mêmeté de l'être et du penser (ID, p. 14 / 261) — au sens où leur coappartenance *ne doit pas être comprise* selon un ordre, un système, une synthèse médiatrice, un lien (ID, p. 16 / 263) ou une dialectique (ID, p. 19 / 265). De même, il est nécessaire d'analyser le fondement (comme le fait Hegel) — non pas par le biais de la proposition (*Satz*) du fondement (analysée par Hegel) mais en entendant la « proposition » (*Satz*) dans le sens d'un saut (*Sprung*) (ID, p. 20 / 266) ; en outre, il est nécessaire d'analyser ce « saut » non pas, comme le fait Hegel, comme rapport à un « abîme » (*Abgrund*) mais comme un « laisser aller » (*ibid.*). Finalement, Heidegger analyse l'identité comme appartenant à l'avènement du monde de la technique en insistant sur ceci qu'il ne faut pas comprendre le mode d'être du monde de la technique comme une « actualité » ou une « effectivité » (*aktuell*, *wirklich*) (ID, p. 30 / 275) — autrement dit, comme le fait Hegel lorsqu'il présente l'« effectivité » (*Wirklichkeit*) comme forme la plus développée de l'essence.

1 ID, p. 56 / 298-299.

réflexion. Autant pour Hegel que pour Heidegger, l'être est apparaître, et la phénoménalité de l'être se montre dès lors que l'être se redouble en lui-même (dans survenue et arrivée / reste et souvenir). D'autre part, *Austrag* ne caractérise pas seulement la différence ontologique mais aussi le « trans-port » qui rapporte les étants-présents les uns aux autres et les rend ainsi coprésents. Comme la contradiction hégélienne, ce « trans-port » sépare les choses et ouvre un écart entre eux ; si la contradiction pense dans le sens de l'unité et le « trans-port » dans le sens de l'écart, les deux gestes se présupposent nécessairement. Les pensées hégélienne et heideggérienne de l'identité et de la différence sont en réalité pratiquement indistinctes[1].

---

1 La différence affirmée par Heidegger ne tient qu'au changement de vocabulaire. Jacques Taminiaux, dans « Finitude et absolu : remarques sur Hegel et Heidegger, interprètes de Kant » (in *Le regard et l'excédent*), montre que Hegel et Heidegger partent de la même critique de Kant (effectuée tantôt au nom de la finitude tantôt au nom de l'absolu) et arrivent aux mêmes conclusions (tantôt au nom de l'être, tantôt au nom de la vie), car « l'interrogation sur la relation de la vie et du vivant est interrogation sur la relation de l'être et de l'étant » (*op. cit.* p. 131). La seule différence concernerait l'essence de la différence qui, chez Hegel, s'effacerait dans la conciliation alors que, chez Heidegger, elle devrait ne pas s'effacer — bien qu'Heidegger doive lui aussi finalement parler de la « conciliation » selon laquelle la différence se donne à penser (*op. cit.* p. 141-142).
Philippe Lacoue-Labarthe relève le même passage de *Identité et différence* dans « L'oblitération » (in *Le sujet de la philosophie*) et conclut lui aussi à l'impossibilité de distinguer entre les conceptions hégélienne et heideggérienne de l'identité et la différence : « Par où l'écart [de la différence selon Heidegger], l'entre-deux, tient-il une autre position et remplit-il une autre fonction que celle du *médiatiser* en général ? Et du même coup — quelle que soit la rigueur de la distinction du *même* et de l'*identique* — qu'est-ce qui sépare la nécessaire différenciation de la différence, le retour de la différence dans la conciliation, du lointain dans le proche, de l'autre dans le propre, etc., du *mouvement* de la relève ? Hegel a-t-il jamais *pensé* autre chose que l'impossibilité, pour la différence, d'*être* la différence, sans (se) différer et différer d'elle-même ? Le "retour" de la différence, qu'est-ce qui le distingue alors de

La différence entre les conceptions hégélienne et heideggérienne de l'identité, de la différence et de la contradiction / *Austrag* fuit *ad infinitum* si on n'examine que la pure structure logique de ces notions. Ce n'est qu'en observant le lieu à partir duquel les questions de l'identité et de la différence peuvent être posées qu'une différence plus nette s'établit entre les deux. Dans la *Science de la logique*, ces notions sont issues de l'auto-examen du savoir pur, qui est en dernière instance son seul sujet. Dans « Le principe d'identité », le sens de la question de l'identité ne s'ouvre que depuis l'homme, en tant qu'il est le lieu de la question de l'être.

Heidegger condense cette différence dans la notion du fondement. Si, pour Hegel, le fondement est ce qui fait venir au jour et réunit l'étant dans une unité[1], il est le λόγος, entendu comme ce qui rassemble et laisse étendu-devant le tout, ἓν πάντα[2]. Tel fut également la définition heideggérienne du λόγος dans « Logos ». Mais dans la mesure où le λόγος hégélien est institué par le sujet absolu, le λόγος heideggérien est fondé par l'homme depuis un « saut qui nous fait quitter le fond » des représentations courantes vers ce qui peut paraître un « abîme », mais qui permet également une appartenance libre à l'être, en tant qu'il veut être « auprès de nous »[3]. Cette paraphrase de Hegel signale une absence de réflexion du rôle de l'homme dans la logique hégélienne de l'essence : chez lui, l'apparition de l'abîme sous les représentations courantes qui permet le saut vers l'existence appartient à l'essence même.

l'identification, ou plutôt de la *détermination* ? » (*op. cit.* p. 136.) Rien — sauf la stratégie de pensée qui mène à ces formulations.

1 ID, p. 45 / 289.

2 ID, p. 48 / 298.

3 ID, p. 20 / 266.

Mais encore une fois, la clarté de la distinction heideggérienne est trompeuse. Dans la mesure où le λόγος hégélien n'est que depuis sa présentation, laquelle est essentiellement le conflit des représentations, il n'est pas étranger à l'homme, car les représentations sont nécessairement historiques, et la présentation est nécessairement une œuvre. Le λόγος implique un agent humain, même si Hegel n'en parle pas dans ce texte. D'autre part, l'*Ereignis,* selon « Principe d'identité », est elle-même un avènement de l'être en tant qu'il peut saisir l'homme. Est-il finalement si étranger à la naissance de la chose en soi ? Comment se rapportent, au juste, l'être comme *Aufgehung* et l'être comme *Entstehung* ? Pour mieux le comprendre, voyons comment Hegel développe la notion de l'être venu au jour depuis la réflexion.

7. L'effectivité contre la φύσις

La véritable conjonction de l'être et de l'essence est l'*effectivité*[1], qui est également l'achèvement de toute la logique objective. Selon Heidegger, « ce que nous appelons "être", dans ce sens essentiel et c'est-à-dire en même temps originairement historial, cela s'appelle pour Hegel "effectivité". Ce pourquoi Hegel en arrive à *cette* appellation, est fondé dans l'essence la plus *intérieure* de l'*histoire* de la philosophie occidentale. »[2]

Encore une fois, Heidegger nous ôte la possibilité de bien situer la confrontation. Il n'a pas publié d'étude sur le chapitre « Effectivité » ; tout au plus renvoie-t-il ce terme au

---

1 WL II, p. 186/227.

2 GA 68, p. 10 ; *Cf.* HW, p. 150 / 189.

chapitre « Idée absolue »[1] (dans lequel cependant Hegel ne se sert pas une seule fois de lui). En outre, la définition heideggérienne de l'effectivité hégélienne est intenable. Selon Heidegger, « Effectivité : étantité comme être-représenté de la raison absolue. Raison comme savoir absolu – le représenter et son être-représenté se re-présentant de manière inconditionnelle »[2] ; ce qui présupposerait *ego cogito certum* comme son fondement inconditionnel[3]. Or Hegel exclut expressément de sa logique de l'effectivité *l'ego cogito*, ses représentations et en général la subjectivité. Il est certes possible d'interpréter l'effectivité depuis sa « vérité », la logique du sujet – mais 1) sa réduction à la subjectivité a tendance à supprimer une certaine obscurité énigmatique qui est propre à l'effectivité et 2) la subjectivité en question ne sera pas celle de l'*ego cogito*. C'est pourquoi la confrontation des conceptions heideggérienne et hégélienne de l'être ne demande pas tant de suivre les indications de lecture de Heidegger que de chercher à juxtaposer directement la φύσις à l'effectivité.

Dans un premier temps, l'effectivité est l'*absolu*. Tout comme l'être selon Heidegger, l'absolu n'est pas représenté par un sujet égoïque ni engendré par une cause séparée. L'absolu n'est pas une *chose* mais un *acte*, l'acte pur d'être ou l'*être* dans ce qui est : à ce titre, l'absolu est l'équivalent hégélien de la différence ontologique. Plus exactement, il est le se-montrer et le s'exposer de l'être depuis lui-même :

> Mais il faut présenter ce qu'est l'absolu : pourtant ce présenter ne peut pas être un déterminer ni [une] réflexion extérieure par quoi seraient

---

1 Selon Heidegger, « le concept hégélien d'effectivité » se situe ainsi : « Dans la "Logique" : Idée absolue » (GA 68, p. 10).

2 *Ibid.*

3 *Cf.* GA 68, p. 12, GA 68, p. 13.

> [les] déterminations de ce même [absolu], mais il est l'exposition et l'exposition *propre* de l'absolu (die *eigene* Auslegung des Absoluten), et seulement un *acte-de-se-montrer ce qu'il est* (*Zeigen dessen, was est ist*).[1]

L'absolu se montre par lui-même et depuis lui-même. Il n'est pas une chose qui se montre mais seulement ce se-montrer : « le contenu de l'absolu [est] *de se manifester* [...] Le contenu, par conséquent, est seulement cette exposition elle-même »[2]. Certes, il montre « ce qu'il est », mais ce « *Was-sein* », comme le dirait Heidegger, ne consiste en aucune détermination fixe. Le « Was » de l'absolu est son « Wie » ; son contenu *est* ce manifester et cette exposition elle-même. Cette manifestation est selon Hegel la *manière d'être* de l'absolu, qu'il décline ensuite selon les *modalités* de l'exposition de l'absolu.

Le concept hégélien d'effectivité est issu de sa « réfutation » (*Widerlegung*) de la substance spinoziste. Hegel veut garder l'idée spinoziste selon laquelle la substance est la cause immanente du monde, s'exposant selon ses attributs et ses modes. La substance (n')est (que) sa puissance, pure affirmation d'elle-même en tant qu'infini *in actu*[3]. Pour Spinoza, la substance est également Dieu comme *causa sui*. En interprétant l'être hégélien dans ces termes, Heidegger touche donc en réalité Spinoza plutôt que Hegel, car Hegel lui-même ne se sert pas de ces termes ici[4]. Au contraire,

---

1 WL II, p. 187 / 229.

2 WL II, p. 194 / 237-238. *Cf.* Jacques Colette « La manifestation phénoménologique de l'absolu » (*Revue des sciences philosophiques et théologiques*, n° 1), p. 31.

3 Spinoza, *Ethique*, 1, propos. XXXIV ; propos. XVI, coroll. I & III. *Cf.* VGP III, p. 171 / T. VI, p. 1463.

4 Lorsque Heidegger, dans « Constitution onto-théo-logique de la métaphysique », rabat l'être hégélien sur une *causa sui*, dont Hegel ferait

Hegel interprète l'absolu comme effectivité précisément pour rejeter son explication spinozienne, *more geometrico* et en termes de cause, car cette approche revient selon lui à la « réflexion extérieure » plutôt qu'à l'auto-exposition de la chose[1]. Celle-ci est mieux expliquée par le principe aristotélicien d'ἐντελέχεια qui dit comment un être se fait ce qu'il est. Le principe d'ἐντελέχεια préfigure la subjectivité, sans pour autant se réduire à elle, et permet ainsi à Hegel de présenter une transition entre les logiques objective et subjective, au lieu de poser le concept de sujet abruptement en face de l'objectivité close sur elle-même. Ainsi, la pensée aristotélicienne de l'ἐντελέχεια permet à Hegel d'expliquer ce que Spinoza avait entrevu mais que la méthode de ce dernier aurait empêché de saisir[2].

Pour Hegel, comme pour Aristote, la modalité première est l'effectivité, qui est sa traduction de l'ἐντελέχεια[3].

---

une interprétation théologique excluant tout enthousiasme religieux (ID, p. 64 / Q I-II, p. 306), il semble en réalité toucher Spinoza plutôt que Hegel : non seulement le terme de *causa sui* mais même la démonstration de la fausseté de tout culte religieux (*Ethique*, 1, Appendice, p. 61-68) viennent de lui. Heidegger n'analyse guère Spinoza. S'il le mentionne c'est pour dénoncer chez lui les deux maux principaux de la métaphysique moderne : la création d'une théologie afin d'expliquer l'homme et l'utilisation d'une méthode géométrique et entièrement rationnelle, dont les idéalistes allemands auraient hérités (GA 28, p. 30-31).

1 *Cf.* WL II, p. 195-196 / 238 ; 200-201 / 246.

2 Aristote n'est pas explicitement nommé dans l'exposition hégélienne de l'effectivité, mais les commentateurs ont souvent indiqué son rôle central dans ce texte. Ainsi H. Marcuse, dans *L'ontologie de Hegel et la théorie de l'historicité* (p. 99 sq.), E. Fleischmann dans *La Science universelle ou la Logique de Hegel* (p. 207) et J. Biard *et alii* dans *Introduction à la lecture de la Science de la Logique de Hegel* (T. II, p. 284). Selon Heidegger, la notion moderne d'effectivité provient d'Aristote, bien qu'il n'inscrive (étrangement) pas Hegel dans la lignée de cet héritage. Au contraire, il décrit l'effectivité hégélienne comme manifestation par excellence d'un cartésianisme accompli. *Cf.* les résumés de l'histoire de l'effectivité dans *Nietzsche II,* p. 473-476 / 382-383.

3 Aristote, *Métaphysique* IX, 8, 1049b.

La primauté de l'effectivité traduit une opposition à Kant, chez qui l'insistance générale sur la possibilité (de l'expérience), et l'analyse spécifique des modalités comme formes de jugement excluant la contradiction, refléterait un point de vue du sujet sur l'être. Chez Aristote, en revanche, l'effectivité et la possibilité (δύναμις) sont des « modes de la substance »[1] qui concernent l'être en tant qu'être[2]. De même chez Hegel, qui complète le jeu de l'effectivité et de la possibilité par la nécessité et la contingence. L'interaction de ces quatre modes expose l'absolu comme acte pur – que l'on peut prendre pour une réinterprétation de l'ἐνέργεια qu'Aristote, selon Hegel, n'aurait pas su bien distinguer de l'ἐντελέχεια. L'ἐνέργεια comme pur mouvement d'être est insaisissable en soi ; est manifeste dans le jeu des modalités ; et est concrète dans son auto-dépassement dans la *liberté* ; la liberté apparaît dans la transition entre la logique de l'effectivité et la logique de la subjectivité comme si elle était la dernière modalité et déjà plus (qu')une modalité : l'élément de la subjectivité qui s'affranchit de l'être seulement donné dans son effectivité.

Chez Hegel, du simple point de vue formel, l'absolu est effectif, et « ce qui est effectif est possible »[3]. Le point de vue de l'entendement réduit cette vérité soit à une tautologie vide (parce que A est, A est possible) soit à une absurdité (tout est en réalité contradictoire et donc impossible). C'est pourquoi il vaut mieux envisager la possibilité de manière aristotélicienne, comme une modalité de l'être : la possibilité est possibilité-d'une-ἐντελέχεια et possibilité-de-

1 VGP II, p. 156 / T. 3. p. 521.
2 Aristote, *Métaphysique* IX, 1, 1045b – 1046 a.
3 WL II , p. 202 / 249.

s'effectuer[1]. La puissance est δύναμις : puissance (*Macht*)[2] qui détermine la chose dans son être plutôt que possibilité logique indéterminée (*Möglichkeit*).

Pour Hegel, la possibilité est ce qui *rend* possible une effectivité. C'est pourquoi il écarte l'idée d'une possibilité demeurant possibilité, d'une pure possibilité, comme étant impossible. Même si, du point de vue de l'entendement, le réel est entièrement contradictoire et en ce sens impossible, le concept même d'impossibilité est pour Hegel irréel. Une possibilité qui ne se réalise pas n'en est pas une, ce n'est qu'une fantasmagorie. Selon cette acception, Hegel ne connaît pas d'impossibilité : pas parce que tout serait possible, mais parce que tout ce qui est effectivement, est possible, bien que sa compréhension puisse être difficile, voire « impossible ». L'effectivité ne montre pas le pourquoi des choses, mais elle pose l'exigence de chercher la possibilité de tout ce qui est. Dans ce sens, même la contradiction et l'impossibilité sont possibles. C'est pourquoi, de manière fort inhabituelle, Hegel peut dire : « tout possible a par conséquent en général un *être* ou une *existence* »[3].

Il s'agit cependant au fond de comprendre le *processus d'effectuation*, ou le changement comme mode primordial de l'être. La contingence et la nécessité sont alors les manières de considérer le changement. Pour Hegel, ce qui est effectif simplement parce que cela est possible, est contingent : cela peut aussi bien être que ne pas être[4].

---

1 Pour Hegel, une possibilité qui n'est qu'une détermination sans devoir-être, sans être, est impossible (WL II, p. 204 / 251). *Cf.* le cours de Hegel sur Aristote, où il critique les modernes pour leur interprétation simplement logique de la possibilité comme « essence en soi », c'est-à-dire comme possibilité demeurant possible, au lieu de l'entendre comme possibilité d'une ἐντελέχεια (VGP II, p. 154 / 519).

2 WL II, p. 220 / 270 *sq*.

3 WL II, p. 205 / 252.

4 WL II, p. 205 / 252-253.

Le contingent n'a aucune raison d'être, et pourtant il *est*, et c'est pourquoi il doit bien avoir une raison. La contingence est l'« *inquiétude absolue* du *devenir* »[1], pure ἐνέργεια qui fait être sans raison. C'est cet être, simplement factuel, mais par là déjà effectif, à savoir agissant (sur soi et sur les autres), qui pousse la pensée à trouver les raisons de son être. Le nécessaire, en revanche, n'est pas une autre *chose* que le contingent : c'est la même chose, mais comprise selon sa possibilité propre. Pour mieux comprendre cette distinction, on peut rapprocher la contingence de l'ἐνέργεια et la nécessité de l'ἐντελέχεια : Hegel incorpore le τέλος dans l'ἐντελέχεια, de sorte que l'ἐντελέχεια est l'action en tant qu'elle montre ses raisons ; l'ἐνέργεια, en revanche, est l'agir même, le faire pur d'une action qui ne peut être comprise que négativement. À partir de ce fond, on comprend peut-être mieux les enjeux du débat sur le rôle de la contingence chez Hegel. Traditionnellement, on prend le contingent pour ce qui tombe hors de la raison, en sorte que la raison n'ait pas à en tenir compte : ainsi les êtres singuliers de la nature, sièges de sa « déraison », seraient contingents au sens d'indifférents, par rapport à la nécessité gouvernant la nature comme ensemble[2]. Comme J.-L. Lardic et B. Mabille, je crois au contraire que la contingence est un élément nécessaire et irréductible de la rationalité hégélienne[3]. Le contingent n'est pas une chose particulière (comme le stylo de M. Krug) en comparaison avec une autre qui serait nécessaire (manque l'exemple d'une chose finie et nécessaire *a priori*). La contingence est une modalité de l'être : l'être qui est effectif même en absence de raisons manifestes, comme avant tout l'être dans la nature, qui est pour Hegel

1 WL II, p. 206 / 254, tr. modif.

2 Parmi d'autres, Walter Bröcker : *Auseinandersetzungen mit Hegel*, p. 19.

3 J.-M. Lardic, *La contingence de Hegel*, p. 85 ; B. Mabille, *Hegel, épreuve de la contingence*, en particulier la section 6.

le domaine par excellence de la contingence[1]. L'absence de raisons défie la raison : elle est l'énigme (qu'est essentiellement la nature[2]) ou le spectacle incompréhensible des actions humaines (qu'est l'histoire tant que la raison ne s'y manifeste pas encore[3]). Ainsi le jeu de la contingence et de la nécessité, apparaissant toujours dans la nature et souvent dans la vie des êtres humains, détermine le domaine de la déraison qui provoque le θαυμάζειν hégélien.

L'analyse des modalités hégéliennes ne peut pas se limiter à une simple analyse formelle. Pour Hegel, l'effectivité est effectivement le monde : « L'effectivité réelle, *comme telle*, est d'abord la chose aux propriétés multiples, le monde existant [...] elle se maintient dans la variété de la simple existence. »[4] Ou, comme le dit J.-L. Nancy : « Le monde hégélien est le monde dans lequel aucune généralité ne subsiste, mais seulement, et à l'infini, des singularités. »[5] L'effectivité réelle est la pluralité des choses qui se rapportent les unes aux autres. Ce rapport fait venir au jour le sens réel de l'effectivité : « Ce qui est effectif, *peut agir* (was wirklich ist, *kann wirken*) ; son effectivité fait connaître quelque chose par ce qu'il produit au jour. [...] la chose [...] est un autonome [...] qui a son essentialité déterminée dans un autonome autre »[6]. Le monde hégélien consiste en effectivités singulières qui ne sont ni closes sur soi ni accordées selon une harmonie extérieure[7], mais qui agissent les

1 « La nature ne montre, par suite, dans son être-là, aucune liberté, mais de la *nécessité* et de la *contingence*. » (ENZ II, § 248, p. 27 / 187). Sur l'« impuissance de la nature », due à cette contingence, *cf.* aussi Enz II, § 250, p. 34-36 / 189-191.

2 Enz II, Addition préliminaire, p. 12 / 336.

3 VPG, p. 33-36.

4 WL II, p. 208 / 256.

5 Jean-Luc Nancy, *Hegel. L'inquiétude du négatif*, p. 31.

6 WL II, p. 208 / 256.

7 WL II, p. 198-200 / 242-245.

unes sur les autres, se contredisant continuellement. C'est l'action des choses qui produit le sens du monde, pas un principe séparé. L'effectivité est le tout du monde fini en tant qu'interaction infinie des effectivités finies.

L'interaction des effectivités constitue le réel du monde. Elles se rendent réciproquement possibles ; et bien qu'elles soient d'emblée contingentes les unes par rapport aux autres, elles sont également la nécessité contre laquelle chaque effectivité bute et se forme. Cette interaction est la véritable force formatrice des choses[1]. Ou, en termes de relation absolue, les substances, comme Hegel le dit aussi, sont les causes les unes des autres en sorte que la cause apparaît comme puissance (*Macht*)[2] violente, créatrice ou destructrice, mais pas comme une raison compréhensible. Ce n'est que lorsque la nécessité réelle devient liberté[3] qu'il est enfin possible de comprendre le monde conceptuellement (à ce moment-là, une substance ne protège plus sa forme contre d'autres substances, mais admet sa forme comme étant donnée par elles).

---

1 Selon Heidegger, Hegel manque le sens grec de l'ἐνέργεια, car il l'interprète au sens de l'acte et de l'activité, alors qu'elle parle en réalité de la façon dont l'œuvre (ἔργον) est produite dans la présence (WM, p. 435). Face au concept hégélien d'effectivité, ce jugement semble superficiel : l'ἐνέργεια hégélienne est certes une activité, mais justement l'activité par laquelle la chose prend forme.
Comme Hegel, Heidegger lit dans Aristote une logique de l'effectivité et de la possibilité de l'être. Si Aristote envisage la puissance et l'ἐντελέχεια d'abord comme mouvement (κίνησις) pour les saisir ensuite au sens propre dans l'être en tant qu'être, Hegel laisse de côté leur interprétation kinétique (*cf.* Lebrun, *La patience du concept*, p. 358). Heidegger, en revanche, cherche à faire une interprétation « kinétique » de la puissance aristotélicienne (GA 33 *Aristoteles, Metaphysik theta* et « Vom Wesen und Begriff der *Phusis*. Aristoteles, Physik B, 1 » (WM) / « Ce qu'est et comment se détermine la φύσις » (Q I-II)) : il vise l'interprétation de l'être de l'homme où la κίνησις se traduit comme le « chemin » d'une existence.

2 WL II, p. 220 / 272.

3 WL II, p. 238-239 / 295.

Puisque la *Logique* se déroule entièrement dans l'élément de la pensée, la description de l'interaction constitutive du monde réel est d'ores et déjà la description de la loi qui la gouverne. De droit, la tâche de trouver la loi du réel, ou la nécessité du contingent, est désespérément difficile, car elle exige au fond d'expliquer non pas seulement pourquoi il est *possible* que le monde soit ainsi mais pourquoi il est *effectivement* ainsi. Dans la logique objective, la loi du réel reste invisible, timide et secrète, elle « craint la lumière » (*Lichtscheue*) et se cache dans les effectivités « dont aucune ne veut montrer en elle une trace de son rapport à l'autre »[1]. À cette loi qui se retire dans le réel correspond alors la science qui ne trouve dans le monde que la « nécessité aveugle », l'obscurité du monde correspondant alors à l'aveuglement de la science. La nécessité absolue est comme une loi qui ignore son contenu : elle gouverne ce qu'elle ne voit pas et cherche à expliquer ce qui se retire de sa vue. Concrètement, cette nécessité absolue correspond à la téléologie inconsciente de la nature[2] et à la loi souterraine de la Μοῖρα qui gouvernait la représentation grecque du monde[3].

Voici l'ἐνέργεια de l'absolu. L'acte de l'absolu consiste à se montrer (« sans jalousie ») et à se faire (dans l'interaction de tous les étants du monde). En tant qu'effectivité, l'absolu contient, malgré sa manifesteté, une certaine obscurité irréductible, propre à la φύσις et à la Μοῖρα : il ne se cache pas mais sa loi reste informulable. Cette obscurité ne sera dépassée que dans la liberté, qui parvient à assimiler sa propre étrangeté et à décrire la nature en tant que vie, et l'histoire en tant que raison.

1 WL II, p. 216 / 266.
2 *Cf.* Enz II, § 245 Zus, p. 14 / 338; § 360 Zus, p. 473 / 671.
3 Enz I § 147 Add ; *cf.* aussi WL II, p. 420-421 / 229-230.

L'effectivité hégélienne se laisse-t-elle comparer à la φύσις heideggérienne ? La φύσις et l'absolu *sont* tous les deux le se-montrer de l'être : la transitivité de l'être ou l'acte d'être. Ce sont deux interprétations de l'être comme pure manifestation de soi.

Ces interprétations se présentent pourtant d'emblée comme diamétralement opposées, dès lors que Hegel donne priorité à l'effectivité de l'être et Heidegger à son caractère de possibilité. Dès *Être et temps,* Heidegger pose le principe que « plus haut que l'effectivité se trouve la possibilité »[1]. Du point de vue de Hegel, une analyse qui part de la possibilité est forcément *subjectiviste*, car elle suppose un Je qui mesure la possibilité des choses, au lieu de laisser l'être apparaître à partir de lui-même. Mais Heidegger ne fait pas le tri entre choses possibles et impossibles. Il examine l'(im)-possibilité comme une *puissance* d'être qui donne un caractère de possibilité à l'existence humaine. Ainsi, dans *Être et temps*, la mort est la possibilité d'une impossibilité qui *possibilise* (elle montre le pouvoir-être du *Dasein*[2]) ; dans des œuvres ultérieures, l'être est une puissance possibilisante face à laquelle l'impuissance humaine peut venir au jour. Heidegger ne part donc pas du sujet déjà constitué de l'entendement, auquel pense Hegel, mais cherche au contraire à dévoiler une puissance ontologique dans l'humain. Parce que Heidegger examine la possibilité en fonction de l'humain, il peut également l'expliquer en fonction du temps, ce qui n'arrive pas chez Hegel. Toujours est-il que la pensée heideggérienne de la possibilité apparaîtrait sans doute « subjectiviste » aux yeux de Hegel – alors qu'aux yeux de Heidegger, c'est le dépassement hégélien de l'effectivité dans la subjectivité absolue qui serait « subjectiviste ».

1 SZ, p. 38.
2 SZ §§ 52 & 53.

En faisant provisoirement abstraction de la question du « sujet », que Hegel et Heidegger traitent de manières incommensurables, je peux résumer la parenté de la φύσις et de l'effectivité considérées comme telles. Les deux disent l'être du monde comme sa pure manifesteté. Selon Hegel et Heidegger, cette générosité de l'être est accompagnée d'un πόλεμος qui conteste son évidence ; et peu importe peut-être que l'un l'appelle *impossibilité* (parce qu'il est impossible de maîtriser la donation de l'être) et l'autre *contradiction* (le réel *est* l'impossibilité que devrait être la contradiction). Quelque chose se retire toujours : l'être dans le κρύπτεσθαι heideggérien, la raison dans la contingence des choses finies hégéliennes. Hegel n'ignore pas le néant mais n'y voit presque rien à penser ; Heidegger n'ignore pas le πόλεμος mais l'examine uniquement en fonction de la question de l'être. Les deux versions du πόλεμος, la dialectique et le διαφερόμενον (ou le *chiasme*[1]), s'opposent moins que prévu si la contradiction ne supprime pas la différence mais la produit au contraire comme ce qui permet à la chose d'apparaître.

Voici pourquoi l'effectivité hégélienne n'est pas aussi étrangère à la φύσις heideggérienne que ne le dit ce dernier. Heidegger voudrait souligner leur différence en présentant la nature hégélienne comme aboutissement du mathématisme moderne[2], mais son image est trompeuse, dès lors que la *Naturphilosophie* et la *Logique* hégéliennes reflètent au contraire un retour à une conception grecque de la nature afin de critiquer le mécanisme issu de Descartes et de Newton. Contrairement à ce que dit Heidegger, la logique hégélienne de l'essence ne ressemble pas tant à la κοινωνία

1 Voir J.-F. Matteí, « Le chiasme heideggérien ou la mise à l'*écart* de la philosophie », dans Janicaud-Matteí, *La métaphysique à la limite* ; *cf.* J. Greisch, *La parole heureuse*, p. 236.
2 GA 36/37, p. 36.

εἶδῶν qui se meut selon l'ἐνέργεια d'un premier moteur, qu'à une dialectique de la φύσις elle-même : il y va du monde des êtres naturels aristotéliciens, rassemblés selon une pensée héraclitéenne du tout caractérisé par le πόλεμος.

Ces deux manifestations du monde *fonctionnent* de manière parallèle – mais elles ne manifestent pas le même *monde* : l'un est tout d'abord le κόσμος comme nature, l'autre le monde historial du *Dasein*. Je demanderai plus tard si cette différence est significative et, dans ce cas, lequel des deux dit l'impensé de l'autre. Pour l'instant, il suffit de constater que la différence entre la φύσις et l'effectivité ne tient pas à leur opération, mais au *sujet* de leur manifestation.

8. Sujet

Lorsque la nécessité aveugle qui relie les effectivités est comprise comme liberté concrète, la *Logique* passe de l'essence à « la logique du sujet ou la doctrine du concept ». Le sujet logique est la même *chose* que l'effectivité, mais envisagée selon sa rationalité ou conceptualité inhérentes. D'une manière semblable, Heidegger dépassera la simple factualité du monde vers la question de sa donation (dans l'*Ereignis*) : le sujet absolu et l'*Ereignis* sont deux instances de liberté et de générosité, qui accordent l'être et ses changements. Chez Hegel, le sujet est au fond un acte pur de création, et c'est pourquoi le système inclut la possibilité des changements, y compris historiques. Chez Heidegger, l'*Ereignis* se donne époqualement et présuppose le change et le tournant. Le sujet absolu et l'*Ereignis* ne sont pas un pur surgissement, mais les deux articulent la problématique du λόγος de l'être. Or, malgré ce parallèle structurel, l'*Ereignis* doit s'entendre *contre* la *Logique* hégélienne[1] : il décrit l'historialité de l'être pour un *Dasein*, alors que le sujet absolu coïncide d'abord avec le κόσμος naturel éternel, d'où l'historialité émerge ensuite.

Heidegger fonde sa distinction sur le contraste entre les interprétations hégélienne et heideggérienne du « sujet » : le sujet absolu est absolument incommensurable avec le *Dasein*. Mais cette opposition cloche, car le sujet absolu ne répond nullement au même problème que le *Dasein*, dès lors que le sujet absolu n'est pas la conscience du philosophe[2]. Les questions du philosophe et de l'historialité ont leur rôle systématique, et j'y reviendrai, mais ils ne coïncident pas avec le sujet absolu. Les lectures heideggériennes de la subjectivité hégélienne pivotent autour de la *Phénoménologie de l'esprit*, alors que c'est dans la troisième partie de la *Logique* que Hegel fait son analyse la plus profonde du sujet absolu – mais Heidegger ne commente jamais ce passage directement. Dans ce qui suit, je présen terai dans ses grandes lignes le sujet logique hégélien. Face à sa critique heideggérienne, je le situerai d'abord dans sa provenance historique et décrirai ensuite sa réalité d'après la dernière section de la *Logique*, « L'Idée », qui comporte les trois sous-chapitres « La vie », « L'idée du connaître » et « L'idée absolue ».

Heidegger a deux interprétations principales du sujet hégélien. Ou bien le sujet hégélien est selon lui le représentant par excellence du projet moderne entamé par Descartes et approfondi par Kant[3], ou bien il s'assimile au dieu

1 ZSD, p. 6 / Q III-IV, p. 200

2 WL II, p. 257 / T. III, p. 48.

3 Par ex. « Séminaire du Thor », GA 15, p. 293 ou Heidegger et Fink : *Heraklit*, GA 15, p. 199-201, « Hegel et son concept de l'expérience » et « Hegel et les grecs ». Une seule fois, sous la pression de Fink, Heidegger admet que la subjectivité absolue hégélienne n'a plus rien de subjectif ni d'égoïque (« Colloque sur la dialectique », p. 18-19 /15).

onto-théo-logique entendu comme créateur séparé de la création[1]. L'infondé de ces critiques est désormais bien établi[2]. Le sujet absolu est certes le concept – la rationalité ou le λόγος du tout. Mais celui-ci n'est nulle *chose* transcendante (chose pensante ou créatrice, idée extra-temporelle). Le sujet-concept est un pur *acte*, ἐνέργεια devenue consciente de soi en tant que liberté : le libre (*das Freie*)[3]. Il est sujet dans la mesure où son être est un acte, et sujet absolu dans la mesure où son acte est absolument libre.[4] La liberté véritable n'existe qu'en acte. En s'actualisant, elle se donne des formes finies ; comme la finitude de ces formes limite la liberté, elle doit aussitôt les détruire ; ainsi la finitude des formes est détruite par la même exigence de liberté qui les produit, et ce battement est la vie du sujet absolu. Face à l'intensité quasi-impénétrable de

---

1 « Séminaire du Thor », GA 15, p. 311 / Q III-IV, p. 399 ; *Nietzsche II*, 412-420.

2 Certes, Jean Beaufret reprend l'argument de Heidegger dans « Hegel et la proposition spéculative » (*Dialogues avec Heidegger III*, p. 114) – mais son but est avant tout de présenter la pensée heideggérienne. En 1953, Jacob Hommes présentait encore la généalogie du *Dasein* depuis la conception hégélienne de la subjectivité, mais comme il ne voit ce dernier qu'en fonction du savoir (*Zwiespältiges Dasein,* p. 105-108), et le premier que comme une intériorité tournée vers son authenticité, Emmerich Coreth a raison de rejeter la description du rapport Hegel-Heidegger présenté dans ce livre (Coreth, « Das Fundamentalontologische Problem bei Heidegger und Hegel » (*op. cit.*), p. 1). En revanche, p. ex. Jan van der Meulen (*Heidegger und Hegel oder Widerstreit und Widerspruch*, p.10, 35, 165-166), David Kolb (*The Critique of pure Modernity*, p. 216), Dennis Schmidt (*The Ubiquity of the Finite*, p. 140-143), Gérard Lebrun (*La patience du concept*, pp. 46-47, 331, 340, 352), Bernard Mabille (*Hegel, Heidegger et la métaphysique*, p. 55 *sq*.) et Andreas Grossmann (« Augenblick des Geistes » (*Perspektive der Philosophie. Neues Jahrbuch*), p. 212) rejettent l'interprétation heideggérienne du sujet hégélien.

3 WL II, p. 251 / T III, p. 42.

4 L'être hégélien a été analysé en tant qu'acte en particulier par F. Fischbach dans *L'être et l'acte*.

ce changement infini, le sujet absolu est également le concept, défini par sa *clarté*, qui remplace l'obscurité du rapport substantiel lorsque les substances finies du monde « reconnaissent » la nécessité de chaque autre pour la détermination de chaque un. Ce n'est pas dire que *nous* aurions dorénavant des concepts et des représentations clairs et distincts de chaque singulier : c'est que le réel est rationnel, qu'il y a une pensée à même le monde, une pensée aussi vivante et mouvante que le monde lui-même. Le concept est avant tout l'articulation ou le système du monde lui-même consistant dans l'affirmation que le monde est *un tout* – et le système philosophique est sa présentation.

Dans la *Science de la logique*, le concept du sujet est d'abord dérivé d'une « réfutation » de Kant – qui, comme Spinoza, est confronté à Aristote. Chez Kant, Hegel apprécie avant tout le principe de « configurateur interne » qu'il analyse, dans *Glauben und Wissen*, comme imagination productrice, et dans la *Logique*, où il n'est pas question de la sensibilité, comme l'unité originairement-synthétique de l'aperception : c'est l'unité du *je pense* ou de la *conscience de soi*[1]. Kant aurait raison de présenter l'unité de l'aperception

1 WL II, p. 254 / T III, p. 45. *sq.* ; *Glauben und Wissen*, W 2, p. 305 *sq.* Comme les idéalistes allemands, Heidegger s'est penché sur l'« art caché » de l'âme. Dans *Kant et le problème de la métaphysique*, il interprète l'imagination transcendantale dans le sens de la temporalité afin de découvrir la finitude du *Dasein* à l'origine de l'être humain (KPM, p. 229). Cette interprétation est le site de sa confrontation la plus dure avec Hegel : doit-on exposer le fonctionnement de l'imagination transcendantale selon la conceptualité du savoir absolu ou selon la temporalité du *Dasein* ? Selon *Der deutsche Idealismus* : « des phrases sur l'imagination que j'aurais pu moi-même copier de Hegel ! » (GA 28, p. 200) ; ailleurs, tout rapprochement est récusé (KPM, p. 244 ; GA 28, p. 201, 214, 261-267 ; GA 32, p. 55). Cette question reste en suspens tant qu'elle n'est pas mesurée à la temporalité humaine selon Hegel. Ce désaccord mis à part, les gestes hégélien et heideggérien à l'égard de Kant sont parallèles au sens où les deux procèdent à

comme l'acte qu'*est* la pensée consistant en l'unification du divers en un objet[1]. Mais le sujet hégélien n'est pas l'*ego* dans l'être humain ; plutôt qu'un être fini pensant au monde, il est une pensée infinie du monde qui *est là* selon la finitude. C'est pourquoi le sujet hégélien n'est pas la *possibilité* de la synthèse des apparences (intuitions, représentations) mais l'*effectivité* du mouvement dans lequel la pensée les « pénètre en pensant »[2] ; effectivité grâce à laquelle la raison concerne la vérité des choses mêmes et non pas des apparences. Outrage à une conscience finie, cette revendication de la vérité des choses mêmes est la définition du sujet en tant qu'il est le tout du monde, et non pas un regard sur lui. Parce que le sujet *est* l'appropriation de ses concepts particuliers, il est concret, voire historique : il est l'appropriation des concepts déjà surgis durant sa genèse, à savoir de ses propres actes devenus des formes finies. Contrairement à la subjectivité kantienne, il n'est pas simplement le « configurateur interne » qui détermine les possibilités formelles : il est la science de l'idée absolue réelle et concrète, le processus même de configuration du monde.

Si Hegel se réfère à Kant pour décrire la souplesse libre du sujet, il s'appuie sur Aristote pour décrire sa cohérence organique. La conception aristotélicienne de la ψυχὴ est pour Hegel plus profonde que les conceptions cartésienne et kantienne de l'*ego cogito*[3]. La ψυχὴ n'est alors nulle substance pensante, mais le principe de vie, l'ἐνέργεια d'un être vivant. Le sujet absolu hégélien est un *vivant* dont la vie se structure comme une ψυχὴ.

---

une *concrétisation* de l'imagination kantienne. Celle-ci doit pouvoir « fonder » un monde (*cf.* « Ce qu'est et comment se détermine un fondement ? »), et c'est pourquoi elle sera pensée comme une productivité et une liberté, qui se manifestera enfin comme λόγος de l'être.

1 Kant, KRV § 17 & 18, B137, B 140.

2 WL II, p. 255 / T. III, p. 46.

3 WL II, p. 491- 492 / T. III, p. 308.

Heidegger revient sur l'interprétation hégélienne de l'être et du concept comme vie dans *La "Phénoménologie de l'esprit" de Hegel*[1]. Selon lui, l'interprétation hégélienne du vivant aristotélicien décrit un principe de stabilité fermé sur lui-même. L'être s'identifie au premier moteur réinterprété comme un animal infini autonome, clos à tout changement. Le mouvement de sa vie serait calqué sur la rotation infinie du système solaire, qui déploie une conception non-temporalisante du temps : le temps du vivant aurait la « figure de l'espace ».

Cette interprétation est clairement mauvaise. Certes, l'idée logique par excellence est la vie du vivant[2] ; dans la mesure où sa réalité est la vie naturelle, la *Philosophie de la nature* informe la *Science de la logique*. Cependant selon les deux livres, le système solaire est un organisme *mécanique* qui présente sans doute le mouvement *kinétique* de la manière la plus développée, mais *sans être pour autant un vivant*[3]. Hegel pense la vie comme mouvement d'une ψυχὴ, qui est du type γιγνεστηαι et non pas du type κίνησις, ni un transport[4] (comme chez Heidegger, qui interprète la κίνησις de l'étant aristotélicien comme son « chemin vers l'apparaître »). Chez Hegel, la κίνησις mécanique présente le mouvement d'un corps donné dans un espace-temps donné. En revanche, le mouvement « psychique » du vivant s'explique depuis sa fin-à-soi, *Selbstzweck*, par la force de laquelle le vivant se forme en s'affirmant lui-même. Ce mouvement se voit le plus parfaitement dans l'animal, qui est essentiellement un « temps libre » et un « tremblement libre » qui ouvre son propre temps contre le temps naturel et

---

1 GA 32, p. 206-208.
2 WL II, p. 469 / T. III, p. 283.
3 ENZ II, § 276, § 337, Add; Zus, p. 338-339.
4 *Cf.* Lebrun, *La patience du concept*, p. 358.

prend sa propre place contre l'espace commun[1]. L'espace-temps est la première forme que le vivant se donne. Chez Hegel, la temporalisation de soi détermine donc l'être de l'animal, et non pas seulement le *Dasein* dans humain, comme chez Heidegger.

Le sujet hégélien s'organise selon la caractérisation aristotélicienne du vivant comme croître, se maintenir et dépérir[2] – mais il le réfute aussi. La vie est, d'abord, la vérité du simple devenir, consistant à surgir et à disparaître. Le vivant se *maintient* à même l'inquiétude de son devenir, parce qu'il se rapporte à son commencement et à sa fin. Hegel joue Héraclite contre Aristote[3] en cherchant à comprendre, dans le processus de la vie, non pas la simple croissance mais le surgissement du vivant, et non pas le simple dépérissement mais la destruction du vivant : le commencement et la fin du vivant seront désormais des changements qualitatifs. Le vivant est une relation à sa propre naissance et à sa propre mort comme termes d'un *développement*. L'idée de vie n'est pas une figure morphologique préétablie, que le vivant réaliserait dans son développement, mais un principe d'auto-affirmation qui enjoint au vivant de contester toute forme donnée comme limite, qu'il s'agisse d'une limite interne (la configuration propre) ou d'une limitation externe (les autres qui limitent le désir de vivre). C'est pourquoi le maintien de soi du vivant est la *formation* ; durant celle-ci, la forme du vivant résulte graduellement de ses rencontres

---

1 ENZ II, § 352, p. 431-434. Je développe la notion de l'animal hégélien, dans mon article « Vivant à la limite » (*Études philosophiques* 1 / 2006).

2 Aristote, *De l'Âme*, II, 1; 412a.

3 Pour Hegel, le feu héraclitéen est le principe de l'âme ou de la vie : c'est en tant que feu que la vie est, d'une part, pure négativité et inquiétude, et donc aussi du temps, et, d'autre part, puissance créatrice de l'esprit (ENZ II § 283 Zus, p. 140 / Enz Ph. Nat. p. 413 ; ENZ II § 336 Zus, p. 336 / Enz Ph. Nat., p. 552. *Cf.* VGP I, p. 333).

avec tout ce qui le limite (le soi et les autres). Hegel réfute Aristote en cessant de considérer le maintien de soi du vivant simplement du point de vue de son autonomie, et en tournant le regard vers les limites par où le vivant se confronte constamment à ce qui lui est autre. Selon lui, « le vivant [...] a toujours à même lui, un Autre »[1]. Là où le vivant aristotélicien se définit comme « se nourrir soi-même, croître et dépérir », le vivant hégélien s'articule ainsi comme *s'affronter (à l'autre), naître (de l'autre) et mourir (avant d'autres)*. C'est cela l'idée de la vie animant les vivants singuliers et fondant l'idée absolue.

La logique de la vie montre donc comment l'idée surgit du réel. Dans la *Logique* comme dans la *Philosophie de la nature*, la vie est une activité qui n'existe que dans l'individu *singulier*[2]. La vie est « l'idée immédiate »[3] et « le vrai »[4] en tant qu'activité des vivants singuliers et, donc, multiples : comme l'effectivité, la vie concerne la *finitude* conçue comme multiplicité de l'existence réelle. Contrairement à la simple effectivité, le vivant ne subit plus l'action de ses autres comme une simple nécessité, car la vie le pousse à contredire ses autres afin de se produire contre eux. Parce que le vivant s'oppose à son autre, vivre équivaut à pouvoir *refuser la part assignée*. Ainsi, le vivant résiste à la mort, s'oppose à ce qu'il prend pour de l'inorganique (nourriture,

1 « Le vivant se met toujours en danger, il a toujours, à même lui, un Autre, mais il supporte cette contradiction, ce que l'être inorganique ne peut pas faire. Mais la vie est, en même temps, la résolution de cette contradiction, et c'est en cela que consiste le spéculatif, alors que la contradiction n'est sans solution que pour l'entendement. La vie ne peut donc être saisie que spéculativement, car, dans la vie, existe précisément le spéculatif. L'agir continuel de la vie est, par conséquent, l'idéalisme absolu. [...] Seule la vie est ainsi le *vrai*... » (Enz § 337 Add, p. 338 / Enz Ph. Nat p. 553.)

2 WL II, p. 475 / T. III, p. 289. ENZ I, § 216, p. 373-374 / 450-451.

3 WL II, p. 474 / T. III, p. 288.

4 WL II, p. 470 / T. III, p. 284.

proie, prédateur) et s'affronte enfin à ses congénères (partenaires sexuels et descendants) pour les reconnaître comme ses semblables. Il ne supprime jamais définitivement l'altérité menaçante : le grain de la mort l'habite, la nourriture le traverse comme une infection qui le transforme, le rapport aux congénères équivaut à la suppression de soi. L'altérité le modifie, car ces rencontres le forment graduellement. Le vivant n'est pas adéquat à une εἶδος préalable, mais il se forme graduellement dans ses confrontations avec son monde. Il ne se fait pas non plus selon sa propre idée parce que, par l'action des autres, la vie est la déformation constante de la forme que le vivant à déjà, et par là seulement la formation du vivant. Le genre n'est pas une μορφή donnée non plus : il résulte de l'action et de l'interaction des vivants, qui contiennent assez d'espace d'invention pour laisser une possibilité à la modification et au changement. Qu'est-ce, donc, que la vie ? Elle est l'opposition à la mort[1], la formation / déformation de l'individu en soi infiniment plastique et, par là, l'existence de la contradiction.

Dans le chapitre suivant, « l'idée du connaître », Hegel décrit la façon dont l'être humain se distingue de cette vie nue. L'idée se divise maintenant en objectivité et subjectivité : son objectivité consiste en l'idée de vie, et sa subjectivité consiste en « *pensée, esprit et conscience de soi* [qui] sont des déterminations de l'idée dans la mesure où elle a soi-même pour objet, et son *être-là*, c'est-à-dire la déterminité de son être, et sa propre différence par rapport à soi-même »[2]. La conscience ou la pensée humaine est l'idée consciente d'elle-même, mais néanmoins prise dans la

1 Dans sa philosophie de la nature, Hegel cite à plusieurs reprises Bichat dont le livre commence d'ailleurs par la célèbre définition : « *la vie est l'ensemble des fonctions qui résistent à la mort.* » (Bichat, *Recherches physiologiques sur la vie et la mort*, p. 57).

2 WL II, p. 487 / T. III, p. 304.

particularité de son être-là. Hegel critique l'idée de l'activité de pensée, ou de l'âme, comme étant une faculté vide, et revendique une pensée concrète, bien que par là particularisée dans les figures de la conscience. La particularité humaine prend maintenant deux formes, l'idée du vrai et l'idée du bien.

En tant qu'*idée du vrai*, l'idée du connaître, « concept *pour soi* dans la mesure où il existe *librement* comme universalité abstraite ou comme genre »[1], porte sur la vérité exposée par la vie. De manière très aristotélicienne, l'idée du vrai relève du réel, que la connaissance n'affronte plus dans sa pure et aveuglante activité schématisante mais dans sa figuration concrète. Elle cherche les figures inconsciemment produites par la vie : les *genres* naturels et les *gentes* humaines. Leur découverte suit « un sentiment obscur, un sens indéterminé mais plus profond, un pressentiment de l'essentiel, de la découverte des genres dans la nature et dans l'esprit qui s'[est] trouvé précéder »[2]. Les genres se montrent sans justification[3] : la genèse de la définition n'est pas la démonstration (le raisonnement ne peut pas produire les genres) mais la monstration de la nécessité gouvernant le genre. Ainsi, « ce qui est encore caché vient au jour en tant que preuve »[4]. La preuve est l'illumination de l'obscurité de la nécessité aveugle, l'éclaircissement d'un secret de la nature. En ce sens, l'idée du vrai porte bien sur ce que Heidegger appelle l'aspect (*Aussehen*, εἶδος), et celui-ci se donne en tant que forme ou figure. Mais elle est la limite produite par la vie elle-même et non pas une représentation de l'entendement.

1 WL II, p. 487 / T. III, p. 303.
2 WL II, p. 517 / T. III, p. 334.
3 WL II, p. 519 / T. III, p. 336.
4 WL II, p. 534 / T. III, p. 350.

L'idée du bien est plus haute que l'idée du vrai. L'idée du bien n'est pas le désir de *connaître* le bien mais le désir de le *réaliser* en tant que *fin*. L'idée du bien est créatrice, car elle s'oppose à l'effectivité donnée et impose ses fins sur le réel[1]. Portant à son achèvement la logique téléologique de l'action, dont il a déjà été question lors du commencement de la science, l'idée du bien se divise également en agent, nécessairement fini et singulier, et en fin, qui lui apparaît comme extérieure, le pousse à l'action et le détermine comme volonté.

Voici donc la célèbre description de l'être humain hégélien transformateur de la réalité. Mais est-il pour autant l'achèvement de l'« époque de la technique », l'homme qui, au lieu de laisser apparaître le monde, lui impose sa volonté ? Oui, car cette transformation est pour Hegel quelque chose d'infiniment élevé, la puissance créatrice du λόγος. Le λόγος pratique tisse à chaque fois de nouvelles configurations du monde contre les figures données (genres, gentes). L'élément le plus propre de l'humain est cette figuration dans laquelle il saisit et produit le monde. Pourtant, si l'humain peut configurer son monde, il ne peut pas le créer. Son action reste prise dans la particularité d'un monde et dans l'inconscience de l'agent, qui n'élabore le monde que par la force d'une « ruse de la raison » : la *décision* d'agir est à sa portée, non pas la *détermination* de la fin de l'action ni de son résultat. La raison de l'action n'existe ni avant elle ni ailleurs qu'en elle, ne venant *au jour* qu'après coup. En ce sens, la raison surgit du monde mais ne le « colonise » pas comme depuis un projet prémédité.

Heidegger situe Hegel dans la métaphysique de la volonté[2]. La conception idéaliste de la volonté serait selon lui

---

1 WL II, p. 542 / T. III, p. 359.

2 Chez Heidegger, c'est le concept hégélien d'effectivité qui aurait le caractère général de volonté (GA 68, p. 14, 50-51). Hegel n'est pas

« un désir dirigé par la représentation de ce qui est voulu. Ce qui est représenté ainsi que la représentation, ἰδέα, voilà donc ce qui veut à proprement parler dans le vouloir. »[1] Or, si cette ἰδέα préexistait à son effectuation et la déterminait entièrement, cette métaphysique supprimerait effectivement l'avenir selon une « clôture de la subjectivité ». Du point de vue de Hegel, cependant, cette acception de l'ἰδέα reste une simple idée de connaissance portant sur ce qui est déjà connu. La volonté, en revanche, se dirige selon l'idée du bien, qui ne sait justement pas à l'avance *ce* qu'elle veut : elle sait *qu*'elle veut, mais la fin de son action ne lui apparaît que négativement comme limitation posée par le réel. La volonté hégélienne se dirige vers l'avenir, mais ne le connaît pas pour autant[2]. Heidegger ne voit pas cela parce qu'il attribue la volonté hégélienne au sujet absolu lui-même[3] dont l'être humain serait une simple réplique. Cela n'est pourtant pas le cas chez Hegel, pour qui la volonté est le propre de l'homme pris par sa finitude[4], et de son *travail* à vrai dire fort énigmatique.

Selon Heidegger, une idée pratique de la volonté serait réapparue dans l'idéalisme allemand à partir du *Traité de la liberté humaine* de Schelling : l'interrogation

---

pour Heidegger le représentant par excellence de la métaphysique de la volonté.

1 *Schelling*, p. 114 / 166. Cette définition reflète la définition kantienne de la volonté comme faculté d'agir selon les fins (*Critique de la faculté de juger* § 10, *Œuvres philosophiques II*, Édition de la Pléiade, 979) lorsque la fin serait une représentation capable « d'être cause de la réalité des objets de cette représentation » (*ibid.*, p. 935)

2 Dans ses lectures d'Aristote, Heidegger reconnaît par ailleurs le principe du τέλος de l'ὄρεξις (désir) comme étant une idée pratique et non pas théorique (*Cf.* Aristote, *De l'âme*, 433a ; *Nietzsche I*, p. 66-68 / 56-58) qui organise en réalité sa théorie de l'œuvre, qui se ferait également par rapport à une limite, *Riss* (HW, p. 68-70 / 93-96. GA 33, p. 138, 150-151).

3 HW, p. 199 / 246-247.

4 WL II, p. 541-542 / T. III, p. 358-359.

schellingienne de la liberté humaine ouvrirait déjà la voie vers une pensée du *Dasein*. En définissant la liberté comme « le pouvoir du bien et du mal », Schelling – mais non pas Hegel – aurait déjà compris l'essence de l'homme comme un pouvoir-être possibilisant une décision authentique, et donné par l'être comme possibilité originaire[1]. Il est vrai que la volonté hégélienne n'est pas essentiellement un pouvoir mais déjà un élément de l'action effective, d'ores et déjà dirigée par l'idée du bien. Tout comme le vivant ne peut que prendre son instinct de vie pour bonté, même s'il doit l'affirmer contre une douleur qu'il subit lui-même et impose aux autres[2], l'être humain n'agit que s'il prend sa fin pour le bien[3], bien le bien ainsi produit ne soit qu'une réalité finie, qui peut fort bien s'avérer contingente, voire mauvaise en soi : le *bien existant* demeure nécessairement soumis à la collision et à la contradiction dues au caractère de devoir du bien[4]. Cette conception de la volonté ne supprime pas la décision pour le bien ou pour le mal, mais la déplace dans la *communauté* humaine dans laquelle l'action s'effectue. Ce n'est pas l'action en soi, c'est la réalité produite par elle qui s'avérera bonne ou mauvaise, et le jugement sur sa qualité n'appartient pas à l'agent en tant qu'il agit, mais à la postérité de l'action réalisée (qui ne manquera pas de juger l'agent mauvais et coupable)[5]. Du point de vue de Hegel, le choix schellingien pour le bien ou pour le mal supposerait une connaissance préalable du résultat de l'action, ce qui n'est en *réalité* pas à la portée de l'agent, à moins que l'on ne juge l'agent uniquement selon ses intentions,

---

1 *Schelling*, p. 117 / 169.

2 C'est dans cette douleur que la contradiction, au lieu d'être impensable, a une existence effective. (WL II, p. 481 / T. III, p. 295-296).

3 WL II, p. 542 / T. III, p. 359.

4 WL II, p. 544 / T. III, p. 361.

5 Voir « La conviction morale, la belle âme, le mal et son pardon » de la *Phénoménologie de l'esprit*, sur quoi je reviendrai.

ce que Hegel tient pour une simple hypocrisie[1]. La volonté est donc pour Hegel, comme pour Schelling, une « extase », mais sa *vérité* ne se montre que dans la communauté. L'analyse hégélienne de la volonté est donc effectivement très différente de l'analyse heideggérienne du pouvoir-être mais, du fait de s'inscrire dans la communauté humaine, elle lance en fait un défi sérieux à la conception heideggérienne (comme je l'ai montré dans *Heidegger contre Hegel — Les Irréconciliables*).

Pour Hegel, l'idée du vrai regarde donc en arrière vers ce qui est déjà ou *ce qui fut*, et l'idée du bien regarde en avant vers *ce qui sera* ou doit être. Mais le présent de l'être humain est un aller-retour entre le passé et le futur, entre le vrai et l'idéal. Se concrétisant dans cette activité humaine, l'ἐνέργεια qu'est le sujet absolu se montre comme la liberté à la fois conditionnée par la particularité des genres et des *gentes* et capable de produire la rationalité du réel. Il serait faux, cependant, de la prendre pour un acte de connaître héroïque d'un individu. Il s'agit de l'activité la plus multiple de l'humanité, dans laquelle les agents eux-mêmes ne peuvent pas connaître la rationalité qu'ils produisent. Certes, les idéaux du vrai et du bien dirigent l'action humaine, mais l'action elle-même, ainsi que la réalité qu'elle produit, n'est pas connaissable par l'agent. C'est pourquoi la philosophie, qui en pèse la vérité, est si crépusculaire.

L'idée absolue est enfin la compréhension de la rationalité produite par la vie et par l'action humaine. L'idée absolue est selon Hegel un passage par la négativité absolue[2].

---

1 Voir l'analyse hégélienne de la « moralité » dans la *Phénoménologie de l'esprit*.

2 « La négativité considérée constitue maintenant le *tournant* du mouvement du concept. Elle est le *point simple du rapport négatif* à soi, la source la plus intime de toute activité, d'auto-mouvement vivant et spirituel, l'âme dialectique […] Le *second* négatif, le négatif du négatif […] est ce sursumer de la contradiction, est pourtant aussi peu que la

Cette négativité n'est nul *autre* de l'esprit ni sa simple *négation* abstraite : elle est la production énigmatique du sens depuis la *contingence* de la nature, la *liberté* des actions humaines et la *finitude* des formes passées de l'esprit. Le sujet absolu est une pensée infinie de cette finitude, à laquelle il doit s'abandonner pour pouvoir se retrouver. Si le sujet absolu n'était qu'un avatar du *cogito*, il serait possible de prendre la négativité du réel pour une simple ruse de la rationalité mais, comme il est bien plutôt la cohérence du tout, de tout un monde qui ne cesse de se transformer et de se créer, il ne se maintient que contre la possibilité de sa désintégration.

L'idée absolue est simultanément méthode et système : changement et constellation. Parce qu'elle est avant tout un acte de savoir, elle ne s'arrête jamais en une constellation définitive : elle est méthode. Parce qu'elle est concrète, elle est également le chemin parcouru, l'histoire dont le souvenir (*Erinnerung*) est son activité la plus propre : elle est système. Et parce qu'elle a besoin de sa présentation, elle n'existe en fin de compte que dans une œuvre créée par un être humain : elle est par exemple la *Science de la Logique*. L'idée absolue est avant tout la logique de la liberté, qui exige sa finitisation dans sa vie et dans ses figures – et le dépassement de la finitude dans l'infinitude de sa pensée. Dernièrement, plusieurs auteurs ont mis en question l'idée kojèvienne de la fin de l'histoire impliquant la thèse selon laquelle Hegel aurait considéré son propre système comme une vérité définitive[1]. Je crois également que pour Hegel, son système ne peut être qu'une présentation de l'idée, issue

contradiction un *faire d'une réflexion extérieure*, mais le moment *le plus intime, le plus objectif*, de la vie et de l'esprit, par quoi il y a un *sujet*, [une] *personne*, [quelque chose de] *libre*. » (WL II, p. 563 / T. III, p. 382.)

1 Un excellent résumé de cet argument se trouve dans « Hegel penseur de la "fin de l'histoire" ? » (*Après la fin de l'histoire. Temps, monde, historicité*, éd. J. Benoist et F. Merlini) de Christophe Bouton.

d'une action dirigée par une idée du bien et, par conséquent, nécessairement un simple bien fini creusé par ce qui, en lui, ne cesse de mourir. Cela ne veut pas dire qu'une idée absolue puisse exister séparément d'une telle présentation, mais que l'idée, pour vivre, a besoin de se refaire sans cesse : ce n'est qu'ainsi que la pensée de l'esprit absolu demeure en acte.

9. Onto-théo-logie du dieu vivant

Le diagnostic principal de Heidegger, selon lequel la *Science de la logique* est l'accomplissement de la métaphysique en tant qu'onto-théo-logie, est-il pertinent ? Sans doute, Hegel calque-t-il l'idée absolue sur le λόγος johannique de la Création[1]. Du point de vue de Heidegger, l'héritage johannique sépare le λόγος hégélien définitivement du λόγος héraclitéen, voire même aristotélicien, et le cantonne à la « métaphysique »[2].

---

1 C'est en référence à St Paul que Hegel appelle l'idée absolue « être, vie non-caduque, vérité se sachant et toute vérité » (WL II, p. 549 / T. III, p. 368. *Actes*, 17.28), et c'est en référence à St Jean qu'il compare la *Logique* au « mot originaire » (WL II, p. 550 / T. III, p. 369. *Jean*, 1.1).

2 Par ex. GA 33, p. 147. Dans « L'ombre de Dieu » (*Philosophie* n° 42), p. 82-83, Didier Franck montre comment Heidegger s'appuie sur la présence du λόγος johannique dans Hegel pour justifier la reconduction de l'être hégélien à un simple fondement, dans « La constitution onto-théo-logique de la métaphysique ». Comme nous l'avons déjà vu, Denise Souche-Dagues interprète le λόγος johannique au contraire comme un élément permettant de dépasser le Dieu métaphysique (*cf. Du Logos chez Heidegger*, p. 115). Dans *De l'esprit*, Jacques Derrida montre comment Heidegger *éviterait* l'esprit né de ce dépassement, proposant à sa place une pensée plus originaire de « l'esprit » dans la « flamme » qui, me semble-t-il, évoque tout autant le Feu héraclitéen que la *ruah* hébraïque (*cf.* Souche-Dagues, *op. cit.*, p. 120).

Heidegger ne récuse cependant pas le simple nom de Dieu, mais son interprétation comme ὑποκειμενον et *causa sui*. Lui-même parle bien de l'être en termes de dieu, en tant que celui-ci se retire, reste à venir, passe, fait signe, ou se rétrécit en simple sujet grammatical *es* de *es gibt Sein* et *es gibt Zeit* ; en sorte que le dieu, faisant signe à même son absence, indique la possibilité du sens de l'être.

Or, nous avons vu que le Dieu de la *Science de la logique* n'est pas une *chose* mais un *acte pur.* Son acte de création n'est pas une production ni une causation d'aucune sorte mais l'absolue venue au jour. Il ne produit pas d'œuvre mais *est* « l'être dans tout être-là ». En tant qu'acte infini de création il « est » la nature et l'histoire dans lesquels il se laisse aller afin de se retrouver autre – énigmatique (la nature) et nouveau (l'histoire) – auprès d'elles. Dans ce sens, l'interprétation hégélienne du λόγος johannique comme idée absolue est plutôt contraire à la « métaphysique » que conforme à elle. Hegel le réinterprète depuis un héritage grec : héraclitéen et aristotélicien d'une part, dionysiaque de l'autre[1]. Présenté de manière mythique, le « dieu vivant » christico-dionysiaque est tout sauf une idée détachée du monde : il est l'*épreuve* de sa « vie » dans sa « mort ». Cette *épreuve* de l'infini dans le fini, et inversement, détermine le sens philosophique du mythe : l'idée et le réel ne sont pas deux domaines séparés, mais naissent l'un de l'autre. L'idée n'est rien d'*autre* que le monde fini des singuliers ; sa finitude n'est pas l'abandon de la finitude mais sa pensée comme un tout. Si on veut interpréter Hegel selon la figure de la résurrection, on ne doit pas l'entendre comme un passage de l'ici-bas à l'au-delà, mais comme une « résurrection » des choses ici-bas[2],

---

1 Le rapprochement hégélien entre Dionysos et le Christ est présenté par ex. par Manfred Frank dans *Le dieu à venir*, leçon IX, p. 24-31.

2 « L'une et l'autre théologies [*Phénoménologie de l'esprit* et *Science*

à savoir leur pensée. Si le passage des limites engendre la forme du vivant fini, la forme de l'idée absolue n'est pas une figure particulière mais l'acte même d'être et d'y penser. Et *cette* idée, libre instance transcendantale de création, ressemble davantage à la pensée heideggérienne de l'être qu'à sa caricature du dieu hégélien.

À la fin de la *Logique*, la Création s'assimile avant tout à la création de la nature[1] (que la *Philosophie de la nature* compare effectivement au Christ mort et à Dionysos[2]). Contre ce dieu créateur du monde, Heidegger parle du dieu comme source du sens d'une communauté historiale, et cela à partir de ses interprétations de Hölderlin. Il laisse de côté le regard hölderlinien sur la nature[3] et interroge à sa place l'élément « natif » d'une humanité, jouant ainsi la finitude marquée d'un site historial contre l'illimitation de la nature, qu'il pense depuis la science moderne comme domaine des lois universelles. Mais l'opposition voulue par Heidegger se brouille dès qu'on note 1. que Hegel pense la nature contre le mathématisme moderne et 2. qu'il a également situé le devenir de l'esprit dans des communautés historiques. Cela étant, Hegel et Heidegger se rapprochent inextricablement l'un de l'autre, dès lors que les deux s'appuient en sous-main sur un certain dionysisme, dont le λόγος est d'abord le dieu en tant qu'il (de)vient, puis sur son signe figuré par le pain et le vin[4].

de la logique] sont de l'ontologie, ont trait au monde. Elles pensent la mondialité du monde, dans la mesure où monde signifie ceci : l'étant en entier, lequel étant a le trait fondamental de la subjectivité. » La Science du savoir absolu serait ainsi la « théologie mondiale du monde », en tant que la théologie fait partie de l'essence de l'ontologie, qui est « plus ancienne que toute théologie chrétienne ». (HW, p. 198 / 245-246.)

1 WL II, p. 573 / 392-393.

2 Enz II, §247 Zus, p. 25 / 347-348.

3 C'est *die mächtige, die göttlichschöne Natur* également analysée par Heidegger dans EHD, p. 52-54 / 68.

4 Hegel exemplifie le λόγος par le pain et le vin notamment dans

En comparant l'esprit absolu aussi à la *parousia* de dieu[1], Heidegger évoque une vision de type quasi-apocalyptique d'une vérité définitivement révélée, tel le premier moteur immobile enfin découvert. Le λόγος hégélien ne peut cependant guère se représenter comme une vision finale, car il est caractérisé 1. par la négativité de l'acte pur, 2. par le souvenir (*Erinnerung*) qui mine l'image du système comme simple ensemble d'éléments coprésents, 3. par l'œuvre philosophique, qui est nécessairement fragilisée par la caducité des représentations dont elle doit se servir. Son interprétation par Heidegger prend son sens du fait que, malgré la négativité de son expression, ce λόγος est par définition *manifeste*, alors que le sens de l'être heideggérien, signalé par le retrait du dieu, est une possibilité *éloignée*. Mais la distinction entre la manifestation et l'éloignement du « divin » s'estompe dès lors que les « sujets » de ces deux expériences ne sont pas comparables. Dans *Heidegger contre Hegel - Les irréconciliables* (dont le livre présent fut à l'origine une partie), j'ai examiné la manifestaion hégélienne par rapport à une conscience finie, davantage comparable au *Dasein* heideggérien que le sujet absolu, pour montrer pourquoi cette opposition, elle aussi, est moins tranchée qu'il ne le semble de prime abord.

Par la présence indescriptiblement dense de l'acte pur d'être et par les différentes formes de négativité qui creusent la pensée, l'esprit absolu se dit différemment de l'être heideggérien. Pourtant les deux font penser au… *même*, comme le dit bien Heidegger. Qu'en est-il, enfin, de cette mêmeté ?

---

l'Esprit du christianisme et la *Phénoménologie de l'esprit*. Heidegger réfère le λόγος à la récolte du vin et du blé – qui, depuis toujours, sont les dons de Cérès et Bacchus et les symboles du Christ – par ex. dans GA 55 *Heraklit*, p. 267, 287; VA, p. 201, EHD, p. 51.

1 HW, p. 198 / 245.

CONCLUSION :

LA MÊME CHOSE ?

Partant du propos heideggérien selon lequel Hegel et Heidegger pensent la *même chose*, à savoir l'être, qui n'est pourtant pas une chose identique, je viens d'examiner cette « chose » d'après les lectures heideggériennes d'Héraclite et d'après la *Science de la logique*. Effectivement, malgré l'opposition virulente de Heidegger, les deux pensées de l'être se rapprochent selon une affinité remarquable.

Pour rehausser leur affinité, j'ai présenté l'être comme éclosion de la φύσις et comme vie. Elles sont le « même » dans la mesure où les deux cherchent, en-deçà de la « métaphysique », l'être qui ne fait qu'*être* et *advenir*, qui se laisse penser sans aucun fondement et ne se limite qu'au néant – lequel n'est en réalité pas une limite mais la question de la possibilité en général de la pensée. Dans les deux cas, l'être est *présent* (*Dasein*, *Anwesenheit*) en tant que notre monde réel et factuel, caractérisé par la finitude. Si Hegel veut affronter cette finitude en y *pensant infiniment* et Heidegger apprendre à y penser *à la mesure de la finitude*, leur différence est incertaine, dès lors que Heidegger non plus ne désire interrompre la pensée. Les deux penseurs envisagent le monde comme conflit et πόλεμος : que la forme la plus centrale du conflit soit la contradiction ou la différence ontologique, la dimension du quadriparti ou la plasticité extraordinaire de la dialectique, toutes ces formes du conflit projettent une pensée de la transcendance comme pure dimension du conflit. Enfin, les deux penseurs décrivent finalement l'être comme λόγος. Le λόγος est alors l'articulation de l'être *et* du langage humain qui, seul, peut la présenter : le λόγος n'est jamais l'invention d'un individu mais toujours le don de l'être ou de l'esprit, auquel la pensée humaine peut correspondre.

Malgré la mêmeté massive, la différence entre les pensées hégélienne et heideggérienne demeure abyssale. Les distinctions énumérées par Heidegger s'effritent à la lecture de Hegel sans que celui-ci puisse offrir, en retour, un point de vue solide sur son adversaire ; aucune Chose plus authentique n'émerge entre les deux, mais la chose ne se prête pas pour autant au relativisme. L'étonnant, c'est l'impossibilité principielle d'*identifier* la différence des deux conceptions de l'être. Pour cerner la nature de cette difficulté, récapitulons les conditions du parcours de ce livre.

En suivant les indications de Heidegger, j'ai d'abord Hegel thématiquement, en vue de l'identifier. Ainsi j'ai tenté de distinguer la « même chose » qui semblait effectivement s'annoncer dans l'affinité, la φιλία, des deux pensées. La *même chose*, entendue au sens d'une chose *commune* ou *partagée*, s'est alors promise dans la forme d'une *chose même*, laquelle serait une interprétation de la transcendance selon l'entrelacement de la φύσις, du πόλεμος et du λόγος.

L'*identification* d'une chose commune s'est cependant avérée impossible. Elle est impossible si identifier veut dire « déterminer », comme le pense Hegel, car la chose même n'est pas à la portée du concept. Elle est impossible également si identifier veut dire « laisser se montrer la chose comme telle dans sa mêmeté », comme le pense Heidegger. Certes, Heidegger présente sa pensée de l'être comme l'origine « oubliée » de la pensée hégélienne : la chose même serait donc l'être qui s'oublierait dans Hegel et porterait la question de son sens en paroles dans Heidegger. Mais il me semble plutôt que la question heideggérienne du « sens de l'être » *ne se montre ni ne montre son oubli* dans Hegel. Aucune des deux pensées ne peut fonder l'autre car elles sont simplement incompatibles. Comme cette affirmation est de droit invérifiable, je la complète par une autre. Montrer la chose comme telle dans sa mêmeté ne peut se produire, selon Heidegger, que dans la *parole* : c'est l'énoncé qui fait voir la chose « dans sa mêmeté ». Or si identifier veut dire « porter en paroles », la chose commune ne se laisse justement pas identifier, car non seulement les mots d'un penseur ne s'appliquent pas ici à la pensée de l'autre, mais qui plus est, Heidegger ne cesse de dire que la différence de vocabulaire est fondamentale et irréductible. Il nous *interdit d'identifier* la chose même. Il est impossible d'identifier la chose dont aucun λόγος – ni concept ni parole – n'énonce le sens.

Si la « même chose » s'avère indiscernable, imprononçable et inidentifiable, l'hypothèse de la « même chose » serait-elle fausse – ou sa « mêmeté » et sa « choséité » seraient-elles à comprendre différemment ? Est-ce qu'une mêmeté inidentifiable est encore une *mêmeté* ? Si la chose sans concept et sans parole ne peut être commune ni partagée, est-elle encore une *chose* ? Peut-être elle n'est *rien* ? Il m'a semblé que l'hypothèse de la « même chose » fait sens et que, conséquemment, il vaut mieux garder l'hypothèse et changer simplement son approche. C'est pourquoi je l'ai ultérieurement analysée, plutôt qu'en termes d'*identité,* en termes de *communauté* ou de *partage*.

Comme j'ai exposé la portée philosophique de ce changement de perspective ailleurs, il suffit que je décrive ici la situation qui le motive. La mêmeté inidentifiable de Hegel et Heidegger *apparaît* uniquement en tant que leur *affinité* réciproque. Leur affinité se montre dans le fait que, tout en restant incapables de se toucher, leurs pensées se concernent, se provoquent et, en ce sens, « communiquent ». Leur affinité détermine alors une interprétation de la φιλία originaire de la philosophie : elle dit l'« amitié » qui relie encore les philosophes quand l'« amour » de la chose à la source se retire.

Corrélativement, la « chose » qui réunit les deux pensées ne sera plus examinée comme Chose transcendantale, comparable à la chose en soi-même de Hegel ou à la chose de la pensée de Heidegger. Étant ce qui permet de penser l'affinité ou la parenté des penseurs, elle apparaît comme Chose « existentiale » ou « historiale », qui n'est ni du type *res extensa* ni du type *res cogitans*, mais plutôt du type *res publica*. C'est d'ailleurs un des sens que l'approche étymologique de Heidegger accorde à la « chose », entendue cette fois comme *das Ding* et non comme *die Sache*. Selon lui, *das Ding* provient du vieil-allemand et traduit le sens originaire du mot latin *res* : « Le *thing* ou *dinc* du vieil-allemand, avec sa signification d'assemblée – à savoir pour la délibération d'une affaire – est donc mieux approprié qu'aucun autre terme pour traduire fidèlement le mot romain *res*, “ce qui concerne” »[1]. En ce sens, la chose de la pensée n'est que l'« assemblée » des penseurs, l'« agora » où ils se confrontent et le « tribunal » où ils s'accusent et se défendent. La « chose » est ce « lieu public » où la possibilité et le besoin de la pensée ont lieu : il y a la « chose » s'il y a lieu de

1 « Das Ding », VA, 168 / 208.

penser, et ce lieu s'ouvre dans le dialogue des penseurs. J'ai été renvoyée à cette pensée depuis les indications émises par Hegel et par Heidegger. Certes, ils affirment qu'ils fondent la communauté de pensée sur une chose de type transcendantal (l'« être ») – mais celui-ci ne s'est pas *montré* entre eux. Cela étant, ils se sont également exhortés à repenser la Chose transcendantale *comme* Chose existentialo-historiale, même si cette obligation a tendance à s'oblitérer devant l'omnipuissance de la pure Chose transcendantale. En effet, leurs réponses auront été ambiguës : pour eux, la *res publica* de la pensée aura été tour à tour chose commune et communauté de pensée, elle sera apparue parfois comme ce qui est partagé et parfois comme le partage de la pensée. La seule « chose » qui puisse réunir Hegel et Heidegger est le pur besoin et la pure possibilité de penser : l'acte de penser dans ce qu'il a de plus singulier. La « même chose » n'est pas ce qui rassemble autour d'elle mais l'assemblée elle-même des pensées qui, sans jamais s'accorder, « s'entendent » (mal). Un tel dialogue indique que, ici, il y a lieu de penser.

La « chose » est cependant plus qu'un vague champ d'attractions. Dans la mesure où l'hypothèse de la « même chose » fait sens, elle demeure dans l'ordre du λόγος. N'étant ni un concept ni une parole, il appartient à l'ordre du *dialogue* lui-même qui s'établit entre deux λόγοι incommensurables. Comme je l'ai montré ailleurs, le dialogue Hegel-Heidegger est exceptionnel en ce qu'il n'est fondé sur aucun accord sur la chose commune mais manifeste au contraire le désaccord maximal à son sujet. Il fait sens en quelque sorte *malgré* les dialoguants. L'*explication* heideggérienne de Hegel ne nous montre ni l'oubli ni la pensée de l'être chez celui-ci, et pourtant l'explication provoque l'articulation d'une pensée de l'être à la fois au centre de sa pensée et aux marges de ce qu'il dit faire. Pour le dire brutalement, le miracle de la lecture heideggérienne de Hegel est qu'une lecture aussi erronée puisse être aussi fructueuse : même si elle ne *touche* pas Hegel, elle le *concerne*. Réciproquement, j'ai montré dans *Les Irréconciliables* comment la pensée hégélienne de l'action et de la communauté est capable de provoquer une relecture de Heidegger depuis ces motifs à la fois vitaux et peu articulés de sa pensée. Ce dialogue fait donc sens indirectement et à l'insu des dialoguants : il les provoque chacun à faire plus de sens.

Le λόγος du débat Heidegger-Hegel est très particulier. La chose reste inidentifiable dans la mesure où les *mots manquent* pour dire et la communauté de l'être et la différence qui la traverse. La dimension de l'être partagée par Hegel et Heidegger est finalement désignée seulement par des problèmes de traduction, lorsque l'être se dit *Entstehung* ou *Aufgehung*, lorsque πόλεμος se dit *Widerspruch* ou *Auseinandersetzung*, ou quand λόγος se dit *Vernunft* ou *Sprache*, et lorsque Heidegger insiste pour dire que les deux traductions ne reviennent pas au même. Pour identifier une chose il faut un mot, non pas la pure impossibilité de dire manifestée par des problèmes de traduction. Pourtant, la question de l'être ne se réduit pas à rien : au *rien comme tel* nul ne peut penser. Le conflit entre Hegel et Heidegger sur l'être n'est pas rien mais déploie les conditions d'une pensée singulière de l'être. Par le parcours de ce livre j'ai voulu montrer que l'impossibilité de dire l'identité-et-différence entre les « mêmes » pensées de l'être de manière frontale est une composante essentielle de l'être, dont le sens ne peut désormais pas être saisi de front, mais doit être déployé obliquement dans l'explication à son sujet.

La désintégration des thèses positives de l'être ne veut nullement dire la dissipation de la question de l'être mais uniquement sa transformation. Dans le débat examiné ici, l'être n'est ni présent ni présentable parce qu'il est saisi à l'instant de sa mue, à même le mouvement de son changement époqual. Il n'est surtout pas un étant encore plus originaire capable de revêtir les guises alternatives de φύσις et de vie, mais purement et simplement la possibilité d'un choix entre eux. Quel changement de l'être est alors articulé dans la différentiation originaire entre φύσις et vie ?

Selon Heidegger, nous en sommes au changement entre l'époque de l'ontothéologie, représentée par Hegel, et l'époque d'une nouvelle compréhension de l'envoi originaire de l'être comme éclosion de la φύσις. Tout au long de ce livre, j'ai voulu contester cette interprétation, car il me semble que l'opposition entre la finitude et l'historialité heideggériennes d'une part, et l'infini intemporel ontothéologique de l'autre, est trop facile et contourne les points où Hegel est réellement proche de Heidegger. La question heideggérienne du sens de l'être reste puissante et présente un défi appréciable à la pensée hégélienne. Mais le risque et le gain du débat sont plus importants si on suit plutôt l'autre pendant de la pensée hégélienne et interprète l'Un-Tout comme *nature* – qui est la même chose que dieu mais également son être-autre[1] : le réel d'où le rationnel doit surgir, le fini à l'origine de l'infini, le singulier, le pluriel, le contingent, le négatif. Par la lecture précédente de la *Science de la logique* j'ai voulu montrer à quel point cette « naturalité » caractérise le cœur substantiel de sa pensée et non seulement le domaine spécifique de la philosophie de la nature, qu'il est si facile de juger scientifiquement inapte et de laisser de côté. *Deus sive natura* — Heidegger rejette et le nom et toute la question de la nature, au même titre que celle du dieu onto-théo-logique, comme domaine intemporel des pures lois de la pensée, dont le plus haut

---

1 PDG, p. 590 ; WL II, p. 573 / 392-393 ; ENZ II, § 247 & Zus. W 9, p. 24-27 / 187, 347-350.

accomplissement est la science réduite à la conception mathématique du monde. Mais ce rejet ignore le fait que la *Naturphilosophie* de l'idéalisme et du romantisme allemands était déjà une contestation de la modélisation mathématique et mécanique de la nature, à laquelle elle opposait une ontologie dynamique et organique de la vie[1].

La nature vivante de la *Naturphilosophie* est bien plus proche de la pensée heideggérienne de la φύσις que Heidegger ne voudrait l'admettre. Et la vie et la φύσις sont la simple affirmation de l'existence sans cause, la libre formation des figures sans modèles, le monde comme ensemble de ceux qui s'y trouvent jetés de nul ciel. Et la *Naturphilosophie* et la pensée de la φύσις décrivent la « nature » en tant qu'origine et condition de l'humain, la « nature » qu'on ne peut dès lors jamais réduire à un simple objet ou idée mais qui est le tout du monde *dans* lequel l'humain se trouve. Hegel et Heidegger ne conçoivent cependant pas ce *tout* de la même manière. Pour Hegel, la nature coïncide avec le κόσμος : elle est la totalité illimitée de tout ce qui existe. Pour Heidegger au contraire, la φύσις nomme l'ouverture primordiale d'un monde fini historial, et reflète sa finitude. Du point de vue de Heidegger, la pensée hégélienne de l'Un-Tout accomplit le rationalisme moderne et prépare ainsi le règne de l'époque de la technique, laquelle écrase toute possibilité de questionner

---

1 Pour une exposition fondamentale de cette situation voir par exemple Wolfgang Bonsiepen, *Die Begründung einer Naturphilosophie bei Kant, Schelling, Fries et Hegel. Mathematische versus spekulative Naturphilosophie*, Emmanuel Renault, *Hegel, La naturalisation de la dialectique*, Robert J. Richards, *The Romantic Conception of Life. Science and Philosophy in the Age of Goethe*, Georges Gusdorf, *Le romantisme II. L'homme et la nature*, ainsi que mon « The Remains of Romantic Philosophy of Nature : Being as Life or the Plurality of Living Beings? » (à paraître dans *The New Centennial Review*). La *Naturphilosophie* schellingienne serait plus proche encore de Heidegger que celle de Hegel — mais c'est une autre histoire.

le séjour de l'humain et l'historialité de l'être. Pour ce qui est du diagnostic d'anhistorialité du κόσμος hégélien, on peut contester la réduction de la pensée hégélienne à l'intemporalité d'un esprit ayant supprimé le réel, et comparer la pensée heideggérienne de l'*Ereignis* plutôt à la pensée hégélienne de la liberté de l'esprit, qui détermine le sujet absolu temporellement comme changement et création incessants – ce qui fait pendant à la substance interprétée comme dynamisme de la vie. Dans le livre présent, comme il est fait abstraction des problématiques du temps et de l'historialité afin de se concentrer sur la seule question de l'être, l'être se prête à l'analyse en termes de « nature ».

Pour ce qui est du diagnostic de contribution de la pensée hégélienne à l'époque de la technique, la chose est plus compliquée, et j'espère y revenir dans un autre travail. Pour l'instant, je peux cependant marquer les jalons du débat sur la nature. Certains pensent que Heidegger prépare la voie à une pensée de la nature comme séjour de l'humain, qui est caché par toute approche scientifique de la nature, y compris par la *Naturphilosophie*[1]. D'autres – et je partage plutôt leur point de vue – pensent au contraire que Heidegger

1 Récemment, Frank Schalow a développé des éléments qui, dans Heidegger, s'ouvrent vers une pensée de la nature et de la corporéité dans son livre *The incarnality of Being. The Earth, Animals and the Body in Heidegger's Thought*. Schalow ne peut cependant utiliser Heidegger que comme point de départ, car en réalité la pensée explicite de Heidegger sur la nature se réduit pratiquement à sa pensée de l'animal, qui est particulièrement bien présentée par Brett Buchanan dans *Onto-ethologies. The Animal Environments of Uexküll, Heidegger, Merleau-Ponty and Deleuze*. La possibilité d'utiliser Heidegger pour soutenir philosophiquement une « écologie profonde » politique a donné à Luc Ferry, dans son pamphlet *Le Nouvel ordre écologique. L'arbre, l'animal et l'homme*, l'occasion de condamner ses deux ennemis (Heidegger et écologie politique) d'un seul coup comme des attitudes nazies ; mais ceci n'est qu'une insulte basée sur un amalgame indéfendable de faits disparates et de préjugés.

est trop occupé par le monde historial de l'humain pour voir la nature inhumaine tapie, inaperçue, au creux de ce qu'il appelle la terre[1]. Je pense, enfin, que la portée de la vision hégélienne de la nature illimitée s'ouvre pour nous de la manière la plus impressionnante lorsqu'on la contemple depuis la question heideggérienne du séjour et du monde de l'être humain. La *Naturphilosophie* ne décrit pas la nature sans nouveauté, régie par les lois immuables, mais la nature créatrice capable de produire des événements, qu'on appelle irrationnels, contingents et en ce sens anhistoriques, mais qui sont cependant effectifs. Aujourd'hui, la « terre » du *Dasein* n'apparaît plus depuis la familiarité du monde fini, mais est marquée par des événements naturels et techniques étranges et inquiétants. Nous sommes sortis de la nature bucolique et nous nous retrouvons au sein de la totalité de la nature vivante, dont Hegel a expliqué la puissance. Pour nous, la nature n'est cependant plus le système admirable imaginé au 18ème et 19ème siècles, mais le fond élémentaire inquiétant qui se montre à la fois à travers la *Ge-stell* de la rationalité scientifique omnipuissante, décrite dans ses principes déjà par Hegel, et comme son fond inconnaissable et incontrôlable d'où toutes sortes de surprises peuvent surgir en défiant la progression de la « raison ». Hegel montre bien le rapport conflictuel entre la raison et le réel, entre la technique et la vie ; Heidegger quant à lui situe ce rapport dans notre monde tout en expliquant pourquoi cela nous semble maintenant si surpuissant, étranger et inquiétant.

Le dialogue entre Hegel et Heidegger sur l'être, dans lequel l'être se divise en φύσις et vie, est incapable de révéler l'« être lui-même », car non seulement celui-ci

1 Dans *Das Prinzip Leben*, Hans Jonas résume : « Aucune philosophie ne s'est occupé aussi peu de la nature que l'existentialisme [i.e. Heidegger dans *Être et temps*] ». (Jonas, *Das Prinzip Leben*, p. 369.) Dans *Le chant de la terre*, Michel Haar note un oubli de la nature anhistorique dans la pensée heideggérienne de la terre.

n'est plus une chose originaire ou ultime, mais n'est même rien de révélable. Pourtant il s'impose à la pensée dans la force du débat à son sujet. *Selon* Hegel et Heidegger, l'être creusé par la négativité, le néant, ou par son propre retrait se montre *entre* eux en tant qu'il est *contesté* par le dialogue – qui est en même temps son unique site. L'être a perdu ici le dernier vestige de sa présence sans pour autant s'irréaliser en « pure vapeur » : il s'impose comme absence, comme fond élémentaire d'où différentes figures et divers noms de l'être peuvent surgir, de sorte que certains finissent par nous interpeller. N'ayant plus de présence, l'être émerge par le détour du dialogue des philosophes – qui, lui, n'obéit cependant qu'à l'interpellation de l'être.

SIGLES UTILISÉS

Ouvrages de Hegel

W suivi du volume et de la page : *Werke in zwanzig Bänden*.

PDG *Phänomenologie des Geistes*
WL *Wissenschaft der Logik*
ENZ *Enzyklopädie der philosophischen Wissenschaften*
GPR *Grundlinien der Philosophie des Rechts*
VPG *Vorlesungen über die Philosophie der Geschichte*
VGP *Vorlesungen über die Geschichte der Philosophie*, éd. Jaeschke
GW 7 *Jenaer Systementwürfe II : Logik, Metaphysik, Naturphilosophie*
GW 8 *Jenaer Systementwürfe III* : *Realphilosophie*

Ouvrages de Heidegger

GA suivi du volume et de la page : *Gesamtausgabe*, cf. bibliographie

SZ *Sein und Zeit*
HW *Holzwege*
WM *Wegmarken*
Q I-II *Questions I-II*
Q III-IV *Questions III-IV*
ID *Identität und Differenz*
UZS *Unterwegs zur Sprache*
KPM *Kant und das Problem der Metaphysik*
ZSD *Zur Sache des Denkens*
EHD *Erläuterungen zu Hölderlins Dichtung*
EM *Einführung in die Metaphysik*
VA *Vorträge und Aufsätze*
Schelling *Schellings Abhandlung über das Wesen der menschlichen Freiheit, 1809*
HPM *Hegel und das Problem der Metaphysik*

BIBLIOGRAPHIE

1. Œuvres de Hegel citées

a) Textes allemands

Pour des raisons de commodité, je cite le plus souvent *Werke in zwanzig Bänden*, éditées par E. Moldenauer et K. M. Michel, Frankfurt am Main, Suhrkamp, 1986.

Autres ouvrages cités

Vorlesungen über die Geschichte der Philosophie. Einleitung, Orientalische Philosophie. éd. Walter Jaeschke, Meiner, Hamburg, 1993.

Jenaer Systementwürfe II : Logik, Metaphysik, Naturphilosophie, GW 7, hrsg. R. P. Horstmann und J. H. Trede, Meiner, Düsseldorf, Hamburg, 1971.

Jenaer Systementwürfe III : *Realphilosophie*, GW 8, hrsg. R. P. Horstmann und J. H. Trede, GW 7, Meiner, Düsseldorf, Hamburg, 1977.

Vorlesungen über die Philosophie der Natur, Vorlesungen Bd 16, hrsg. M. Bondelli und Hoo Nam Seelmann, Meiner, Hamburg, 2002.

b) Traductions consultées

Manuscrits d'Iéna sur le temps (1804/1806), tr. Ch. Bouton, *Philosophie* n° 49, mars 1996.

Manuscrits de Berlin sur le temps et l'espace (1821/1822), tr. Ch. Bouton, *Philosophie* n° 52, décembre 1996.

Le droit naturel, tr. A. Kaan, Paris, Gallimard, 1972.

La différence entre les systèmes philosophiques de Fichte et de Schelling, tr. B. Gilson, Paris, Vrin, 1986.

Phénoménologie de l'esprit, tr. J.-P. Lefebvre, Paris, Aubier, 1991.

Science de la logique, I-III, tr. P.-J. Labarrière et G. Jarczyk, Paris, Aubier, 1972. (*Science de la logique I-II,* tr. S.

Jankélévitch, Paris, Aubier, 1947).
Principes de la philosophie du droit, tr. A. Kaan, Paris, Gallimard, 1940.
Encyclopédie des sciences philosophiques, I. Science de la logique, 2° éd., 1979 ; *II. Philosophie de la nature*, 2004 ; *III. Philosophie de l'esprit*, 1988, tr. B. Bourgeois, Paris, Vrin.
Leçons sur la philosophie de l'histoire, tr. J. Gibelin, Paris, Vrin, 1970.
Cours d'esthétique I-III, tr. J.-P. Lefebvre et V. von Schenk, Paris, Aubier, t. 1 : 1995, t. 2 : 1996, t. 3 : 1997.
Leçons sur l'histoire de la philosophie. Introduction : Système et histoire de la philosophie, tr. J. Gibelin, Paris, Gallimard, t. 1 : 1990 (1954), t. 2 : 1970 (1954)
Leçons sur l'histoire de la philosophie. T. 3, La philosophie grecque, 1972 ; *T. 6, La philosophie moderne*, 1985, tr. P. Garniron, Paris, Vrin.
Leçons sur L'histoire de la philosophie. Introduction, Bibliographie, Philosophie orientale, tr. G. Marmasse, Paris, Vrin, 2004.

2. Œuvres de Heidegger citées

a) Textes allemands

Gesamtausgabe, Frankfurt am Main, Vittorio Klostermann. (Abréviation GA suivie du volume et de la page).
GA 1, *Frühe Schriften*, 1987.
GA 15, *Seminare* (*Heraklit, Vier Seminare, Zürcher Seminare*) (1951-1973)
GA 16, *Reden und andere Zeugnisse eines Lebensweges (1910 – 1976)*, 2000.
GA 18, *Grundbegriffe der aristotelischen Philosophie*, 2002.
GA 20, *Prolegomena zur Geschichte des Zeitbegriffs*, 1979.
GA 21, *Logik. Die Frage nach der Wahrheit*, 1976.
GA 24, *Die Grundprobleme der Phänomenologie*, 1989.
GA 28, *Die deutsche Idealismus (Fichte, Schelling, Hegel) und die philosophische Problemlage der Gegenwart*, 1997.
GA 29/30, *Die Grundbegriffe der Metaphysik. Welt —*

Endlichkeit — Einsamkeit, 1980.
GA 32, *Hegels Phänomenologie des Geistes*, 1988.
GA 33, *Aristoteles : Metaphysik 1-3*, 1990.
GA 36/37, *Sein und Wahrheit*, 2001.
GA 39, *Hölderlins Hymnen "Germanien" und "Der Rhein"*, 1980.
GA 49, *Der Metaphysik des deutschen Idealismus. Zur erneuerten Auslegung von Schelling : Philosophische Untersuchungen über das Wesen der menschlichen Freiheit und die damit zusammenhängenden Gegenstände (1806)*, 1991.
GA 54, *Parmenides*, 1982.
GA 55, *Heraklit. 1. Der Anfang des abendländischen Denkens, 2. Logik. Heraklits Lehre von λόγος*, 1994.
GA 64, *Der Begriff der Zeit*, 2004.
GA 65, *Beiträge zur Philosophie (Vom Ereignis)*, 1994.
GA 66, *Besinnung*, 1997.
GA 68, *Hegel. 1. Die Negativität, 2. Erläuterung der Einleitung zu Hegels Phänomenologie des Geistes*, 1993.
GA 79, *Einblick in das was ist*, 1994.

Publications séparées

Sein und Zeit, Tübingen, Max Niemayer, 1984.
Holzwege, Frankfurt am Main, Vittorio Klostermann, 1980.
Identität und Differenz, Pfullingen, Günther Neske, 1990.
Wegmarken, Frankfurt am Main, Vittorio Klostermann, 1978.
Unterwegs zur Sprache, Stuttgart, Günther Neske, 1993.
Der Begriff der Zeit. Vortrag vor der Marburger Theologenschaft, Tübingen, Max Niemayer, 1989.
Die Selbstbehauptung der deutschen Universität / Tr. G. Granel, *L'auto-affirmation de l'université allemande* (éd. bilingue), Paris, TER, 1982.
Der Satz vom Grund, Pfullingen, Günther Neske, 1992.
Was heißt denken ?, Stuttgart, Reclam, 1992.
Nietzsche I-II. Pfullingen, Günther Neske, 1989.
Kant und das Problem der Metaphysik, Frankfurt am Main, Vittorio Klostermann, 1991.
Zur Sache des Denkens, Tübingen, Max Niemayer Verlag, 1969.

Erläuterungen zu Hölderlins Dichtung, Frankfurt am Main, Vittorio Klostermann, 1996.
Einführung in die Metaphysik, Tübingen, Max Niemayer, 1987.
Vorträge und Aufätze, Stuttgart, Günther Neske, 1994.
Schellings Abhandlung über das Wesen der menschlichen Freiheit (1809), Tübingen, Max Niemayer Verlag, 1995.
Hegel und das Problem der Metaphysik, dans *La fête de la pensée, hommage à François Fédier*, éd. H. France-Lanord et F. Midal, Lettrage distribution, Paris, 2001.
Martin Heidegger – Elisabeth Blochmann, *Briefwechsel 1918-1969*, Hrsg Joachim W. Storck, Deutsches Literatur-Archiv, Marbach am Neckar, 1989.
Colloquium über Dialektik, Hegel-Studien, Band 25, 1990.
Der Begriff der Zeit. Vortrag vor der Marburger Theologenschaft, Tübingen, Max Niemayer, 1989.

b) Traductions consultées

« Le concept de temps », tr. M. Haar et M. B. de Launay, in *Cahier de l'Herne : Heidegger*, Paris, Éditions de l'Herne, 1983.
Être et temps, tr. E. Martineau, Authentica, 1985. *Être et temps*, tr. F. Vézin, Paris, Gallimard, 1986.
Kant et le problème de la métaphysique, tr. A. de Waelhens et W. Biemel, Paris, Gallimard, 1953 (1994).
Approche de Hölderlin, tr. H. Corbin, M. Deguy, F. Fédier et J. Launay, Paris, Gallimard, 1996.
Chemins qui ne mènent nulle part, tr. W. Brokmeier, Paris, Gallimard, 1990 (1962).
Introduction à la métaphysique, tr. G. Kahn, Paris, Gallimard, 1996.
Qu'appelle-t-on penser ?, tr. A. Becker et G. Granel, Paris, Presses Universitaires de France, 1992.
Essais et conférences, tr. A. Préau, Paris, Gallimard, 1996.
Le principe de raison, tr. J. Beaufret, Paris, Gallimard, 1996.
Acheminement vers la parole, tr. J. Beaufret, W. Brokmeier et F. Fédier, Paris, Gallimard, 1994.
Nietzsche I-II, tr. P. Klossowski, Paris, Gallimard, 1971.
Schelling, Le traité de 1809 sur l'essence de la liberté humaine, tr. J.-F. Courtine, Paris, Gallimard, 1977.
La "Phénoménologie de l'esprit" de Hegel, tr. E. Martineau,

Paris, Gallimard, 1984.
« L'Origine de l'œuvre d'art », première version (1935), tr. E. Martineau, in *Conférence n° 4*, printemps 1997.
Les hymnes de Hölderlin : la Germanie et le Rhin, tr. F. Fédier et J. Hervier, Paris, Gallimard, 1988.
Questions I-II, tr. J. Beaufret, F. Fédier, J. Hervier, J. Lauxerois, R. Munier, A. Préau, C. Roëls, Paris, Gallimard, 1990.
Questions III-IV, tr. J. Beaufret, F. Fédier, J. Hervier, J. Lauxerois, R. Munier, A. Préau, C. Roëls, Paris, Gallimard, 1990.
Hegel. 1. La négativité. Éclaircissement de l'Introduction à la Phénoménologie de l'esprit de Hegel. Tr. A. Boutot, Paris, Gallimard, 2007.
Aristote, Métaphysique 1-3. De l'essence et de la réalité de la force. Tr. par B. Stevens et P. Vandevelde, Paris, Gallimard, 1991.
« Hegel et le problème de la métaphysique », tr. François Vézin, dans *La fête de la pensée, hommage à François Fédier*, éd. H. France-Lanord et F. Midal, Paris, Lettrage distribution, 2001.
Colloque sur la dialectique. Tr. P. David et J. Gedinat, *Philosophie* n° 69, 2001.

3. Autres ouvrages

ALLEMANN, Beda, *Hölderlin et Heidegger*, Paris, Presses Universitaires de France, 1987.
ARISTOTE, *De l'âme*, Paris, Les Belles Lettres, 1989.
— *Physique I-II*, Paris, Les Belles Lettres, 1996.
— *Métaphysique I-II*, Paris, Vrin, 1991.
BACKMAN, Jussi. *Complicated presence. The Unity of Being in Parmenides and Heidegger*. Helsinki, Helsingin yliopisto, 2009.
BADIOU, Alain. *Saint Paul : la fondation de l'universalisme.* Paris, Presses Universitaires de France, 1998.
BATAILLE, Georges, *L'expérience intérieure*, *Œuvres complètes V*, Paris, Gallimard, 1973.
— « Hegel, la mort et le sacrifice » et « Hegel, l'homme et l'his-

toire », *Œuvres complètes XII*, Paris, Gallimard, 1988.
BEAUFRET, Jean, *Dialogue avec Heidegger I-IV*, Paris, Minuit, 1973, 1973, 1974, 1985.
BIARD, J., BUVAT, D., KERVEGAN, J.-F., KLING, J.-F., LACROIX, A., LECRIVAIN, A., SLUBICKI, M., *Introduction à la lecture de la Science de la logique de Hegel I-III*, Paris, Aubier-Montaigne, 1983.
BICHAT, Xavier, *Recherches physiologiques sur la vie et la mort*, Paris, Flammarion, 1994.
BIRAULT, Henri, *Heidegger et l'expérience de la pensée*, Paris, Gallimard, 1978.
BOER, Karin de, *Thinking in the Light of Time. Heidegger's Encounter with Hegel*, Albany, SUNY Press, 2000.
BONSIEPEN, Wolfgang, *Die Begründung einer Naturphilosophie bei Kant, Schelling, Fries et Hegel. Mathematische versus spekulative Naturphilosophie.* Frankfurt am Main, Vittorio Klostermann Philosophische Abhandlungen Band 70. 1997.
BOURGEOIS Bernard, *Études hégéliennes. Raison et décision*. Paris, Presses Universitaires de France, 1992.
— *Hegel. Les actes de l'esprit*. Paris, Vrin, 2001.
BOUTON, Christophe, « L'épitaphe et le tombeau : imagination et raison dans la psychologie de Hegel », *Philosophie* n° 52.
— « Hegel penseur de la "fin de l'histoire"? », dans *Après la fin de l'histoire. Temps, monde, historicité*, éd. J. Benoist et F. Merlini, Paris, Vrin, 1998.
BRAUER, Oskar Daniel, *Dialektik der Zeit. Untersuchungen zu Hegels Metaphysik der Weltgeschichte*. Stuttgart-Bad Cannstatt, Problemata frommann-holzboog, 1982.
BROGAN, Walter, *Heidegger and Aristotle. The Twofoldness of Being*. Albany, State University of New York Press, 2005.
BRÖCKER, Walter, *Auseinandersetzungen mit Hegel*, Frankfurt am Main, Klostermann, 1965.
BUCHANAN, Brett. *Onto-ethologies. The Animal Environments of Uexküll, Heidegger, Merleau-Ponty and Deleuze*. Albany, State University of New York Press, 2008.

COLETTE, Jacques, « La manifestation phénoménologique de l'absolu », *Revue des sciences philosophiques et théologiques*, n°1, 1996.
COURTINE, Jean-François, *Heidegger et la phénoménologie*, Paris, Vrin, 1990.
DASTUR, Françoise, *Heidegger*, Paris, Vrin, 2007.
— *Heidegger et la question anthropologique*, Louvain – Paris, Éditions Peeters, 2003.
DERRIDA, Jacques, *L'écriture et la différence*, Paris, Seuil, 1967.
— *Marges de la philosophie*, Paris, Minuit, 1972.
— *Glas I-II*, Paris, Denoël/Gonthier, 1981.
— *Heidegger et la question*, Paris, Flammarion, 1990.
DESCARTES, René, *Œuvres et Lettres*, Paris, Gallimard, éd. de la Pléiade, 1953.
DREYFUS, Hubert L. and Wrathall, Mark A (éd.) *A Companion to Heidegger*, Oxford, Victoria, Malden, Blackwell, 2005.
Écoles présocratiques, éd. Jean-Paul Dumont, Paris, Gallimard, 1991.
FARIA Blanc, Mafalda da, « De l'idée à l'Ereignis : la lecture heideggérienne de l'ontologie de Hegel ». *Heidegger Studies* vol. 17, 2001.
FICHTE, Johann Gottlieb, *Grundlage der gesamten Wissenschaftslehre (1794),* Hamburg Meiner Philosophische Bibliothek, 1997.
FISCHBACH, Franck, *Du commencement en philosophie. Étude sur Hegel et Schelling*. Paris, Vrin, 1999.
— *L'Être et l'acte. Enquête sur les fondements de l'ontologie moderne de l'agir*. Paris, Vrin, 2002.
FLEISCHMANN, Eugène, *La Science universelle ou La logique de Hegel*, Paris, Plon,1968.
FRANCK, Didier, « Ombre de Dieu », *Philosophie* n° 42, 1994.
FRANK, Manfred, *Le dieu à venir (leçons I-XI)*, Arles, Actes Sud, 1990.
GADAMER, Hans-Georg, « Hegel und Heidegger », in *Gesammelte Werke 3. Neuere Philosophie I*. Tübingen, J.C.B. Mohr, 1987.
GREISCH, Jean, *La parole heureuse. Martin Heidegger*

entre les choses et les mots, Paris, Beauchesne, 1987.

GROßMAN, Andreas, « Augenblick des Geistes. Heideggers Vorlesung "Die Grundfrage der Philosophie" von 1933 ». *Perspektive der Philosophie, Neues Jahrbuch* (Rodopi), Bd. 19/1993.

— *Spur zum Heiligen. Kunst und Geschichte im Widerstreit zwischen Hegel und Heidegger. Hegel-Studien Beiheft* 36, Bonn, Bouvier, 1996.

GUSDORF, George, *Le romantisme II. L'homme et nature*, Paris, Éditions Payot et Rivages, 1993.

HAMACHER, Werner, *Pleroma — dialecture de Hegel*, Paris, Galilée, 1996.

HAAR, Michel, « Structures hégéliennes dans la pensée heideggérienne de l'Histoire », *Revue de métaphysique et de morale*, janvier-mars 1980.

—*Heidegger et l'essence de l'homme*, Grenoble, Jérôme Millon, 1990.

— *La fracture de l'histoire*, Grenoble, Jérôme Millon, 1994.

—*Le chant de la terre. Heidegger et les assises de l'histoire de l'être*, Paris, L'Herne, 1985.

HERRMANN, Friedrich Wilhelm von, *Wege ins Ereignis. Zu Heideggers "Beiträgen zur Philosophie"*, Frankfurt am Main, Vittorio Klostermann, 1994.

HOMMES, Jakob, *Zwiespältiges Dasein. Die existentiale Ontologie von Hegel bis Heidegger*, Freiburg, Verlag Herder, 1953.

HYPPOLITE, Jean, *Logique et existence*, Paris, PUF, 1953.

— « Structure du langage philosophique d'après la «Préface de la Phénoménologie de l'esprit de Hegel» ». Dans *The Structuralist Controversy*. Eds. Macksey and Donat. Baltimore, John Hopkins University Press, 1970.

HÖSLE, Vittorio, *Hegels System I-II*, Hamburg, Felix Meiner, 1987.

IBER, Christian, « Interpretationen zum Deutschen idealismus. Vernunftkritik im Namen Seins ». Dans Thomä, *Heidegger-Handbuch*.

JANICAUD, Dominique, « Heidegger – Hegel : un "dialogue" impossible ? », dans *Heidegger et l'idée de la phénoménologie, Phaenomenologica 108*, 1987,

Dodrecht, Kluwer Academic Publishers.
JANICAUD, Dominique et MATTEÍ, Jean-François, *La métaphysique à la limite*, Paris, Presses Universitaires de France, Épiméthée, 1983.
JONAS, Hans. *Das Prinzip Leben*. Frankfurt am Main, Suhrkamp, 1994.
KANT, Immanuel, *Kritik der reinen Vernunft I-II*, Frankfurt am Main, Suhrkamp, 1995. Tr. Alexandre J.-L. Delamarre et François Marty, *Critique de la raison pure*, in *Œuvres Philosophiques I*, Paris, Gallimard, éditions de la Pléiade, 1980.
— *Kritik der Praktischen Vernunft*, Frankfurt am Main, Suhrkamp, 1995. Tr. L. Ferry & H. Wismann, *Critique de la raison pratique*, in *Œuvres Philosophiques II*, Paris, Gallimard, éditions de la Pléiade, , 1985.
— *Kritik der Urteilskraft*, Frankfurt am Main, Suhrkamp, 1995. Tr. J.-R. Ladmiral, M. B. de Launay et J.-M. Vaysse, *Critique de la faculté de juger*, *Œuvres Philosophiques II*, Paris, Gallimard, éditions de la Pléiade, 1985.
KISIEL, Theodor, *The Genesis of Heidegger's Being and Time*, Berkeley – Los Angeles – London, University of California Press, 1995.
KOLB, David, *The Critique of pure Modernity. Hegel, Heidegger, and After*, Chicago and London, University of Chicago Press, 1986.
LACOUE-LABARTHE, Philippe, « Typographie », in Agacinski, Derrida, et al., *Mimesis des articulations*, Paris, Flammarion, 1975.
— *Le sujet de la philosophie*, Paris, Aubier-Flammarion, 1979.
— *L'imitation des modernes*, Paris, Galilée, 1986.
LARDIC, Jean-Marie, « La contingence chez Hegel », in HEGEL, *Comment le sens commun comprend la philosophie*, Arles, Actes sud, 1989.
LAUENER, Henri, *Die Sprache in der Philosophie Hegels*, Bern, Verlag Paul Haupt, 1962.
LEBRUN, Gérard, *La patience du Concept. Essai sur le Discours hegélien*, Paris, Gallimard, 1972.
LÉVINAS, Emmanuel, *Totalité et infini. Essai sur l'extériorité*, Paris, Livre de Poche, biblio essais, Kluwer

academic, 1994.
LINDBERG, Susanna, « Heidegger's Animal », *Phänomenologische Forschungen*, 2004.
— « Vivant à la limite », *Études philosophiques* 1 / 2006.
— *Heidegger contre Hegel — Les Irréconciliables*, Paris, L'Harmattan, 2010.
— « The Remains of the Romantic Philosophy of Nature: Being as Life or the Plurality of Living Beings? » à paraître dans *The New Centennial Review.*
LÖWITH, Karl, *Heidegger, Denker in dürftiger Zeit*, Frankfurt am Main, Fischer Verlag, 1953.
MABILLE, Bernard, *Hegel, l'épreuve de la contingence*, Paris, Aubier, 1999.
— *Hegel, Heidegger et la métaphysique. Recherches pour une constitution*, Paris, Vrin, 2004.
MACANN, Christopher, *Martin Heidegger. Critical Assessments vol II, History of Philosophy*, London and New York, Routledge, 1992.
MAJETSCHAK, Stefan, *Die Logik des Absoluten. Spekulation und Zeitlichkeit in der Philosophie Hegels*, Berlin, Akademie Verlag, 1992.
MALABOU, Catherine, *L'avenir de Hegel. Plasticité, temporalité, dialectique*, Paris, Vrin, 1996.
MARCUSE, Herbert, *L'ontologie de Hegel et la théorie de l'historicité*, Paris, Minuit, 1972.
MARION, Jean-Luc, *Réduction et donation. Recherches sur Husserl, Heidegger et la phénoménologie*, Paris, Presses Universitaires de France, Épiméthée, 1989.
— *Étant donné. Essai d'une phénoménologie de la donation*, Paris, Presses Universitaires de France, Épiméthée, 1997.
— « Du pareil au même, ou : comment Heidegger permet de refaire de l' "histoire de la philosophie" », in *Cahier de l'Herne : Heidegger*, Paris, l'Herne, éds. Le livre de poche, 1983.
MARMASSE, Gilles, *Penser le réel. Hegel, la nature et l'esprit*, Paris, Kimé, 2008.
MARX, Werner, *Absolute Reflexion und die Sprache*, Frankfurt am Main, Vittorio Klostermann, 1967.
— *Heidegger und die Tradition*, Hamburg, Felix Meiner

Verlag, 1980.
MEULEN, Jan van der, *Heidegger und Hegel oder Widerstreit und Widerspruch*, Meisenheim / Glan, Verlag Anton Hain KG, 1959.
NANCY, Jean-Luc, *La remarque spéculative (un bon mot de Hegel)*, Paris, Galilée, 1973.
— *Hegel, l'inquiétude du négatif*, Paris, Hachette, 1997.
— *Une pensée finie*, Paris, Galilée, 1990.
— *Être singulier pluriel*, Paris, Galilée, 1996.
PÖGGELER, Otto, *Der Denkweg Martin Heideggers*, Pfullingen, Klett-Cotta, 1986.
— « Hölderlin, Schelling und Hegel bei Heidegger », *Hegel-Studien* Bd 28, Bonn, Bouvier, 1993.
— « Hegel und Heidegger über die Negativität », *Hegel-Studien* Bd 30, 1995.
RANCIÈRE, Jacques, *La Mésentente*, Paris, Galilée, 1995.
RENAULT, Emmanuel, *Hegel. La naturalisation de la dialectique*, Paris, Vrin, 2001.
RICHARDS, Robert J., *The Romantic Conception of Life. Science and Philosophy in the Age of Goethe*, Chicago and London, The University of Chicago Press, 2007.
SAFRANSKI, Rüdiger, *Ein Meister aus Deutschland, Heidegger und seine Zeit*, Frankfurt am Main, Fischer, 1997.
SCHALOW, Frank, *The incarnality of Being. The Earth, Animals and the Body in Heidegger's Thought*, Albany, State University of New York Press, 2006.
SCHMIDT, Dennis J., *The Ubiquity of the Finite. Hegel, Heidegger, and the Entitlements of Philosophy*, Cambridge and London, The MIT Press, 1988.
SCHÜRMAN, Reiner, *Le Principe d'anarchie. Heidegger et la question de l'agir*, Paris, Seuil, 1982.
SELL, Annette, *Martin Heideggers gang durch Hegels "Phänomenologie des Geistes", Hegel-Studien Beiheft* 39, Bonn, Bouvier, 1998.
SOMMER, Christian, *Heidegger, Luther, Aristote. Les Sources aristotélicienne et néo-testamentaires d'*Être et temps, Paris, Presses Universitaires de France, Épiméthée, 2005.
SOUCHE-DAGUES, Denise, « Une exgégèse heideggérienne : le temps chez Heidegger d'après le § 82 de

Sein und Zeit », *Revue de Métaphysique et de Morale*, janvier-mars 1979.

— *Le cercle hégélien*, Paris, Presses Universitaires de France 1986.

— *Du Logos chez Heidegger*, Grenoble, Jérôme Millon, 1999.

— « The Dialogue between Heidegger and Hegel » dans *Martin Heidegger, Critical Assessments II*, éd. Christopher Macann.

SPINOZA, *Ethique*, Paris, GF Flammarion, 1965.

TAMINIAUX, Jacques, *Le regard et l'excédent*, La Haye, Martinus Nijhoff, 1977.

— *Recoupements*, Bruxelles, Ousia, 1982.

— « L'essence vraie de la technique », in *Cahier de l'Herne : Heidegger*, Paris, l'Herne, éds. Le livre de poche, 1983.

— *Lectures de l'ontologie fondamentale. Essais sur Heidegger*, Grenoble, Jérôme Millon, 1995.

— *Introduction* pour la traduction de Hegel, *Système de la vie éthique*, Paris, Payot, 1992.

THOMÄ, Dieter (Hrsg.), *Heidegger Handbuch. Leben-Werk-Wirkung*, Stuttgart, Verlag J.B. Metzler, 2003.

VALLEGA-NEU, Daniela, *Heidegger's Contributions to Philosophy. An Introduction*, Studies in Continental Thought, Bloomington and Indianapolis, Indiana UP, 2003.

ZARADER, Marlène, *Heidegger et les paroles de l'origine*, Paris, Vrin, 1990.

ZÜFLE, Manfred, *Prosa der Welt. Die Sprache Hegels*, Einsiedeln, Johannes Verlag, 1968.

TABLE DES MATIÈRES

Troisième partie
Ce qu'il en est chez Hegel

L'HARMATTAN, ITALIA
Via Degli Artisti 15 ; 10124 Torino

L'HARMATTAN HONGRIE
Könyvesbolt ; Kossuth L. u. 14-16
1053 Budapest

L'HARMATTAN BURKINA FASO
Rue 15.167 Route du Pô Patte d'oie
12 BP 226 Ouagadougou 12
(00226) 76 59 79 86

ESPACE L'HARMATTAN KINSHASA
Faculté des Sciences Sociales,
Politiques et Administratives
BP243, KIN XI ; Université de Kinshasa

L'HARMATTAN GUINÉE
Almamya Rue KA 028 en face du restaurant le cèdre
OKB agency BP 3470 Conakry
(00224) 60 20 85 08
harmattanguinee@yahoo.fr

L'HARMATTAN CÔTE D'IVOIRE
M. Etien N'dah Ahmon
Résidence Karl / cité des arts
Abidjan-Cocody 03 BP 1588 Abidjan 03
(00225) 05 77 87 31

L'HARMATTAN MAURITANIE
Espace El Kettab du livre francophone
N° 472 avenue Palais des Congrès
BP 316 Nouakchott
(00222) 63 25 980

L'HARMATTAN CAMEROUN
Immeuble Olympia face à la Camair
BP 11486 Yaoundé
(237) 458.67.00/976.61.66
harmattancam@yahoo.fr

L'HARMATTAN SÉNÉGAL
« Villa Rose », rue de Diourbel X G, Point E
BP 45034 Dakar FANN
(00221) 33 825 98 58 / 77 242 25 08
senharmattan@gmail.com

L'HARMATTAN MALI
Rue de Leipzig, face au Palais de la culture,
Porte 203, Badalabougou, Bamako
00 223 20 22 57 24 / 00 223 76 37 80 82
pp.harmattan@gmail.com

586188 - Novembre 2014
Achevé d'imprimer par

1livre.com
du rêve à la réalité !